Die Faszination von Klangschalen hat mittlerweile breite Kreise erreicht. Else Müller verbindet deren heilsame Klänge mit den Wort-Bildern von Phantasiereisen, Affirmationen, Haikus und kurzen Entspannungs- und Konzentrationsübungen.
»Der Klang der Bilder« ist die konsequente Weiterentwicklung einer fast zwanzigjährigen Arbeit: eine neue therapeutische Synthese von Wort und Klang, die Verbindung zweier kraftvoller und heilsamer Medien. Die Phantasiereisen und Phantasieübungen werden mit hellen und dunklen Klängen einer Klangschale verbunden, sodass jeweils ein Wort-Bild mit Klang entsteht. Das Klangerlebnis und die Poesie der Sprache bieten ein ganzheitliches Erleben und führen zu wohltuender Entspannung und Meditation. Alle Übungen sind aber auch ohne Klangschale wirksam und vielseitig einsetzbar, wobei sich die ästhetische und heilsame Wirkung jedoch erst in der Verbindung von Wort und Klang entfaltet.
»Der Klang der Bilder« ist eine neue Methode innerhalb der Innovativen Psychohygiene und ein einfacher und lustvoller Weg zur Gesundheitsvorsorge und -erhaltung. Entspannung, Konzentration und Meditation sind Anspruch und Versprechen dieses Buches.
Zum ›Klang der Bilder‹ ist eine CD mit gleichem Titel erhältlich.

Else Müller ist Diplom-Pädagogin und lebt in Frankfurt am Main. Sie arbeitet als Therapeutin in eigener Praxis und leitet Kurse für Autogenes Training, Atemtraining und Meditation. Seit vielen Jahren bietet sie Fortbildungsseminare für Pädagoginnen und Erzieherinnen an. Im Fischer Taschenbuch Verlag erschienen ihre sehr erfolgreichen Bücher ›Auf der Silberlichtstraße des Mondes‹ (Band 3363), ›Du fühlst die Wunder nur in dir‹ (Band 11692), ›Du spürst unter deinen Füßen das Gras‹ (Band 3325) und ›Wege in die Wintersonne‹ (Band 11354).

Unsere Adresse im Internet: www.fischer-tb.de

Else Müller
Der Klang der Bilder

Phantasiereisen mit Klangschalen

Fischer Taschenbuch Verlag

Veröffentlicht im Fischer Taschenbuch Verlag GmbH,
Frankfurt am Main, Oktober 2000

Lizenzausgabe mit freundlicher Genehmigung des
Kösel-Verlages, München
© 1996 by Kösel-Verlag GmbH & Co. München
Fotos: Monika Müller, aufgenommen im
Frankfurter Museum für Kunsthandwerk
Illustrationen: Alice Meister, Frankfurt am Main
Satz: Pinkuin Satz und Datentechnik, Berlin
Druck und Bindung: Clausen & Bosse, Leck
Printed in Germany
ISBN 3-596-14703-4

Inhalt

Vorwort 7

Die Faszination von Klangschalen 9
Herkunft und Funktion von Klangschalen 9
Wie und wo beziehe ich Klangschalen? 11
Was ist beim Kauf zu beachten? 12

Klangerlebnis und Poesie der Sprache 15
Ein neues therapeutisches Konzept 15

**Im Kontext der
Innovativen Psychohygiene** 17

**Die Bedeutung von Phantasiereisen in
»Klang der Bilder«** 21
Entspannung – Konzentration – Meditation 24

Praktische Übungsanleitungen 27
Wo kann ich »Klang der Bilder« einsetzen? 27
Übungsanleitungen 28
Anmerkungen aus der Praxis 29
Anleitungshilfen für Gruppen 30
Anleitungshilfen für das Üben alleine 32
Meditatives Malen 34
Meditatives Malen im psychotherapeutischen Bereich ... 36
Alle Symbole auf einen Blick 37

Phantasieübungen mit einem Klang 41

**Phantasieübungen mit hellen
und dunklen Klängen** 51

**Phantasiereisen mit hellen
und dunklen Klängen**   59

Phantasiereisen durch die Jahreszeiten   75

Wärmeübungen mit Phantasie und Klängen   85

Haiku-Meditationen mit der Klangschale   89
Was ist ein Haiku?   90
Haiku-Meditationen   92
Naturimpressionen und Augenblicksbeschreibungen . . .   94
Über Liebe und Leben   102

Affirmationen und Lebenshilfen   111

Ein Wort – Ein Klang – Meditationen   123

Tiefenentspannung mit der Klangschale   131

Literatur   135

Vorwort

Der Klang der Bilder ist die konsequente Weiterentwicklung einer fast zwanzigjährigen Arbeit: eine neue therapeutische Synthese von Wort und Klang, die Verbindung zweier kraftvoller und »heilsamer« Medien.
Die Phantasiereisen und Phantasieübungen werden mit hellen und dunklen Klängen einer Klangschale verbunden, sodass jeweils ein Wort-Bild mit Klang entsteht. Alle Übungen sind aber auch ohne Klangschale wirksam und vielseitig einsetzbar, wobei sich die ästhetische und heilsame Wirkung jedoch erst in der Verbindung von Wort und Klang entfaltet.
Im Sommer 1983 erschienen zeitgleich meine beiden ersten Bücher *Du spürst unter deinen Füßen das Gras* und *Bewusster leben durch Autogenes Training und richtiges Atmen*. In beiden Büchern ist der bis heute gültige therapeutische Anspruch zu erkennen, den ich mit zwei Arbeitsschwerpunkten kurz vorstellen möchte:
– Ganzheitliche Entspannung, Stressabbau und neuer Umgang mit Stress auf der Basis von Autogenem Training und Meditation. Das bedeutet die Stärkung der Abwehr- und Selbstheilungskräfte sowie der Konzentration.
– Anregung der Phantasie als essenzielle, unverzichtbare Lebenskraft. Phantasie als Gegengewicht einer weitgehend über-technisierten, entsinnlichten Welt. Einer Welt, in der sinnlich-emotionale Erfahrungsmöglichkeiten und Erlebnisräume, besonders für Kinder und Jugendliche, rar werden.

Gefühle und Sinnlichkeit, elementare Gemütsbewegungen, stehen in unserer Zeit nicht hoch im Kurs. Ganzheitliche Ansätze in Pädagogik und Therapie wollen deshalb die geistig-seelischen und spirituellen Fähigkeiten fördern und den ganzen Menschen,

mit all seinen verstandes- und gefühlsmäßigen Anteilen, ansprechen.
Diese Arbeitsschwerpunkte finden sich in all meinen Publikationen, Büchern und Tonträgern. Sie unterscheiden sich methodisch, jedoch nicht konzeptionell. Die hohen Auflagen bestätigen den stimmigen Ansatz und den großen Bedarf.

Der Klang der Bilder ist eine neue Methode innerhalb der Innovativen Psychohygiene und ein einfacher und lustvoller Weg zur Gesundheitsvorsorge und -erhaltung.
Entspannung, Konzentration und Meditation sind Anspruch und Versprechen von *Klang der Bilder*.

Die Faszination von Klangschalen

Herkunft und Funktion von Klangschalen

Über die Herkunft und ursprüngliche Funktion von Klangschalen wissen wir wenig. Und auch von Menschen, die sich theoretisch und praktisch mit Klangschalen beschäftigen, die die Grenzstaaten des Himalajas bereisen, erhalten wir unterschiedliche und sich oft widersprechende Informationen. Waren Klangschalen spirituelle Klangkörper in tibetanischen Klöstern oder waren sie Essgeschirr der Mönche?

Wie in jedem Geheimnis, sind auch hier ein wenig Mystik und Magie verwoben. Doch solche Fragen sind unwesentlich, will man sich vom Klang der Schalen berühren und faszinieren lassen. Es ist schwer, sich dem Zauber dieser Klänge zu entziehen, auch wenn das Ohr an europäische Klänge und Harmonien gewöhnt ist.

Die Klangschalen unterscheiden sich in ihrer Größe und Goldschattierung, die matt oder glänzend sein kann. Diese Schattierung entsteht durch die Metallzusammensetzung, meist Kupfer und Messing, und die Metalllegierung. Der Klang wird durch die Metallmischung, die Größe und die Stärke der Schalenwand bestimmt. Keine Klangschale gleicht der anderen, kein Klang dem anderen.

Die Metallmoleküle werden durch das Anschlagen mit dem Klöppel in Schwingung versetzt. Diese Schwingungen verbinden sich mit der eigenen Schwingung, mit der des Raumes, des Kosmos und des Universums.

Eine mit Wasser gefüllte Klangschale erzeugt durch Reibung ihres Randes Schwingungen, die sich in alle Richtungen ausbreiten. Hält man sie ins Wasser, entsteht dort ein feines Wellenmuster.

Nimmt man die Schale auf die Hand, stellt sie auf eine feste Unterlage oder auf die bunten Brokatkissen aus China, schlägt kurz unter dem Rand der Schale mit dem Klöppel an, entsteht »ein summender, singender Klang, ein tiefer, brummender Unterton mit stufenweise anschwellenden Obertönen«. (Vgl. Eva Rudy Jansen: *Klangschalen – Funktion und Anwendung.*)

Die Finger dürfen die Schale nicht berühren, sie bleiben ausgestreckt, da sie sonst den Klang bremsen und die Schwingung einschränken.

Durch den Klang vibriert die Luft um die Schale herum. Diese vibrierende Schwingung ist in der Hand, im Arm, im ganzen Körper, ja selbst in den Organen fühlbar. Darüber hinaus berühren sie Geist und Seele und führen zu »Gemütsbewegungen«.

Klänge führen zu Entspannung und vermögen Verspannungen und Blockaden zu lösen. Sie wirken auf das vegetative Geschehen ein, beeinflussen positiv die Funktion der Organe, wie Atmung, Herz- und Pulsschlag. Der Tonus, die physisch-psychische Grundspannung eines Menschen, durch Stress meist erhöht, wird gesenkt und normalisiert. Die Klänge wirken auch auf die Psychoperistaltik des Menschen, erkennbar an einem unüberhörbaren Grummeln im Bauch.

Selbst auf die Zellstruktur und die Aura, die Feinstofflichkeit des Menschen, sollen die Klänge wirken.

Zudem lösen Klänge Wohlbehagen aus und wirken wie Stimulanzien auf körpereigene Endorphine.

Neueste Forschungsergebnisse zeigen, dass Sinnenreize das menschliche Immunsystem anregen und stärken. Zum Beispiel wird Serotonin ausgeschüttet, das eine »Wohl-Fühl-Stimmung« auslöst. Fehlt es oder ist es nicht in ausreichendem Maße vorhanden, tauchen depressive Verstimmungen oder »Unmutgefühle« auf.

Wie und wo beziehe ich Klangschalen?

Vielleicht sind Sie schon glücklicher Besitzer oder glückliche Besitzerin einer der goldglänzenden Klangschalen.
In jeder größeren Stadt gibt es heute esoterische Läden, die in der Regel über ein gut sortiertes Angebot von Klangschalen in vielen Größen und Preisklassen verfügen. Häufig bieten sie dazu Holzklöppel in hartem Tropenholz an, seltener das zu empfehlende weiche Balsaholz.
In manchen Musikalienhandlungen gibt es maschinell hergestellte Klangschalen, meist aus Taiwan, Hongkong oder China, die sehr preisgünstig sind. Der Klang schwingt auffällig lang, was für eine Übung mit *einem Klang* günstig ist, bei längeren Übungen und Phantasiereisen mit hellen *und* dunklen Klängen jedoch störend sein kann.
Auch esoterische Versandhäuser bieten oft preiswerte Klangschalen an. Der Nachteil ist jedoch, dass Sie ohne vorheriges »Proben und Prüfen« eine beliebige Klangschale geschickt bekommen. Sie haben keine Vergleichsmöglichkeit, welcher Klang für Sie angenehmer ist.
Bei einer Englandreise empfiehlt es sich, in kleinen, oft exotischen Läden zu stöbern. Sie werden häufig günstigere, vielleicht sogar alte Schalen finden. Reisen Sie nach Nepal, werden Sie dort kaum der Versuchung, mehrere Schalen zu kaufen, widerstehen können.
Am Ende des Buches finden Sie eine naturgemäß unvollständige Liste von Bezugsadressen. Es wird Ihrer Findigkeit überlassen bleiben, »Ihre« Klangschale zu finden. Manchmal ist es Liebe auf den ersten Blick.

Was ist beim Kauf zu beachten?

Die Qual der Wahl beim Kauf einer Klangschale bleibt wenigen erspart. Ich habe schon Stunden in den »duftenden« Läden verbracht.
Jede Klangschale hat eine unverwechselbare Persönlichkeit. Nehmen Sie sich Zeit zum Prüfen und Kaufen. Sie werden manche Schale auf Anhieb mögen, andere ablehnen.
Stellen Sie die Schale auf die flache Hand oder auf eine feste Unterlage und schlagen Sie mit mehreren unterschiedlichen Klöppeln dicht unter dem Rand an. Schlagen Sie nicht zu zaghaft an. Üben Sie, bis sich der volle, »runde« Klang entfaltet und weiträumig schwingt. Genieren Sie sich nicht, in dem Laden zu experimentieren, die Leute sind das dort gewöhnt.
Hören, fühlen Sie dem Klang in Ruhe nach. Achten Sie dabei auf Ihre Wahrnehmungen und Gefühle, wo immer der Klang Sie »berührt«.
Sie können die Klangschale auch mit dem Handballen anschlagen. Der Klang wird gestoppt, indem man den Finger fest auf den Rand der Schale legt. Im Laden werden Sie aber nur helle Klänge erzeugen können und somit nur einen kleinen Teil der Möglichkeiten erfahren.

Der Reiz von *Klang der Bilder* liegt in der Dramaturgie von hellen und dunklen Klängen innerhalb der Phantasiereisen.
Den *dunklen* Klang erzielen Sie, indem Sie ein Ende des Klöppels mit Stoff, Samt, Leder oder einer Mullbinde umwickeln.
Den *hellen* Ton erreichen Sie mit dem »unverbundenen« Holzteil des Klöppels.
Sie können beim Kauf einer Klangschale ein kleines Batisttuch und einen Gummiring mitbringen und ein Ende des Holzklöppels provisorisch umwickeln. So bekommen Sie einen Eindruck

von der unterschiedlichen Wirkung und Schönheit des hellen und dunklen Klangs.

Klangerlebnis und Poesie der Sprache

Ein neues therapeutisches Konzept

Die erstmalige Verbindung von hellen und dunklen Klängen einer Klangschale mit Phantasiereisen und -übungen führt zwanglos und lustvoll-spielerisch zu tiefer Ruhe und einer farbigen, inneren Bilderwelt.
Diese neue therapeutische Synthese von Wort und Klang, die »heilsame« Verbindung zweier eigenständiger Medien, hat sich seit Jahren in der Praxis bewährt. Keine andere Methode hat bei Kindern, Jugendlichen und Erwachsenen solch spontane Akzeptanz und Wirkung ausgelöst. Für viele Menschen wurde die Verbindung von *Klangerlebnis und Poesie der Sprache* gar zu einem Schlüsselerlebnis und hat manches Leben verändert.
Von den meist »augenblicklich« auftretenden, farbigen Innenbildern waren vor allem die Menschen überrascht, die glaubten, eine blockierte oder versiegte Phantasie zu haben.
Kinder gehen meist unbefangen, intuitiv und mit wenig Vor-Urteilen an die Übungen heran. Auch durch Medien stark beeinflusste Kinder, denen »poetische Phantasie« fast exotisch vorkommt, erleben bald eine »phantastische« Entspannung mit Leib und Seele.
Der Wechsel von hellen und dunklen, von einem und mehreren Klängen, eine konzeptionelle Dramaturgie, führt zu großer Lebendigkeit und verstärkt die Wirkung der bewährten Phantasiereisen. Die hellen Klänge werden in der Regel als heiter, fröhlich, auch intensiv, erlebt und meist in der oberen Körperhälfte, im Kopf, »gefühlt«. Die dunklen Klänge wirken eher beruhigend, oft auch neutraler. Sie werden tiefer im Körper, in Bauch und Unterleib, wahrgenommen und gefühlt. Doch kommt es auch immer wieder zu umgekehrten Erfahrungen.

Klangerlebnis und Poesie der Sprache bilden ein harmonisches Ganzes. Die bilderreiche Sprache, die alten Volksmärchen sehr ähnlich ist, dient bewusst der Emotionalisierung und dem Transfer therapeutischer Inhalte, denn Sprache und Klang lösen vielfältigste innere Bilder und Gefühle aus. Dieses therapeutische Konzept wurde in unterschiedlichsten Gruppen erprobt und überprüft, die Erfahrungen wurden modifiziert, gesammelt und systematisiert. Ich stelle sie in diesem Buch einem breiteren Publikum zum Eigengebrauch oder zur pädagogisch-therapeutischen Weitervermittlung vor.

Die Erfahrungen mit *Klang der Bilder* sind subjektiv und damit wertfrei. Es gibt kein anderes Kriterium als die persönliche Wahrnehmung und den Erfolg. Vielleicht wird mancher Leser und manche Leserin sich zu eigenen Klang-Geschichten inspirieren lassen.

Zusammengefasst lässt sich also sagen:
- Die Klänge sind Schlüsselreize bzw. Verstärker der therapeutischen Inhalte der Phantasiereisen und -übungen.
- Helle und dunkle Klänge dienen dem Transfer der Wort-Bilder zu eigenem, inneren »phantastischem« Erleben.
- Die Klänge helfen, die Wort-Bilder fast augenblicklich auf die eigene innere Leinwand zu projizieren und mit entsprechenden Gefühlen zu synchronisieren.
- Mit einiger Übung gelingt es, allein bei der Vorstellung einer Übung, eines Wort-Bildes, den gewünschten geistig-seelischen Zustand zu erreichen und die tiefe innere Ruhe und Entspannung zu fühlen. Besonders vor dem Einschlafen ist eine solche psychohygienische Übung von großem Wert und Nutzen.

Im Kontext der Innovativen Psychohygiene

Innovative Psychohygiene basiert auf der wissenschaftlichen Grundlage des Autogenen Trainings, des Progressiven Atmungstrainings, der Meditation und bezieht als wesentliches therapeutisches Element die Phantasie mit ein. Imaginieren und Visualisieren sind einzigartige kreative Fähigkeiten des Menschen, unverzichtbar auch in Pädagogik und Therapie. Wir nutzen die Macht der Gedanken, die Vorstellungskraft, die Auto-Suggestion. Ihr wissenschaftliches Wirkungsprinzip ist die »Ideo-Motorik«, das heißt: Ein Wort, eine Formel wird zur Vorstellung, wird zum Gefühl, und führt zu dem erwünschten Ergebnis und Erfolg. Die Ideo-Motorik ist die Grundlage des Autogenen Trainings, das vor allem in der »formelhaften Vorsatzbildung« dieses Wirkungsprinzips besonders nutzt.

»Willst du überhaupt leben?« ist eine der Grundfragen des berühmten amerikanischen Onkologen Professor Carl Simonton. Außer einer umfassenden medizinischen Behandlung ist der Schwerpunkt seiner mittlerweile auch in Deutschland bekannten erfolgreichen Krebstherapie das Prinzip des positiven Denkens, der Einsatz der Kraft der Gedanken. Diese heilsamen Kräfte aktivieren die eigenen Selbstheilungskräfte, das Immun- und Abwehrsystem und die Ausschüttung körpereigener Endorphine, wie zum Beispiel Serotonin und Melatonin. Diese »Wohlfühlhormone« registrieren wir selten bei depressiven Menschen. Durch schwermütige, tiefschwarze Gedanken und Gefühle kommt es zu einer Blockade der Vitalkräfte. Krankheit ist so gesehen die Verkörperung von negativen Gedanken und Gefühlen, ist materielle Manifestation, Lebensverneinung statt Lebensbejahung.

In der Psychologie und Psychotherapie kennen wir den Begriff der »sich-selbst-erfüllenden Prophezeiung«. Sie ist das Prinzip von »Gleiches zieht Gleiches an«.

Negative Gedanken und Gefühle können genau das auslösen, was der Mensch im Grunde befürchtet. Die Angst wird zu einer negativen Kraft, die sich in Unfällen, Unglück oder Krankheit materialisiert oder ausdrückt. An einem Beispiel möchte ich dies kurz darstellen: Auf einer außerordentlich steinigen, steilen Meeresküste auf Mallorca dachte ich fortwährend, »ich darf nicht umknicken oder stolpern, denn ich muss am nächsten Tag zurückfliegen und gleich wieder in der Praxis arbeiten«. Es dauerte nicht lange und ich knickte mit dem rechten Fuß um. Der Schmerz war so heftig, dass mein Kreislauf zusammenbrach. Ich humpelte unter großen Schmerzen zu einem Ferienhaus und wurde rührend mit einem straffen Verband erstversorgt. Für mich war dies ein »fühlbares« Beispiel einer »sich-selbst-erfüllenden Prophezeiung«.
Voraussetzung ganzheitlicher Gesundheit ist eine geistige Einstellung, die die Reinigung des Geistes von negativen Gedanken wie Hass, Groll, Zorn und Schuldgefühlen bedeutet. Der Mensch bedarf der ständigen geistigen Reinigung, seelischer Entgiftung und Harmonisierung.
Körperhygiene ist heute für uns selbstverständlich, ja Körperpflege wird manchmal sogar zum Körperkult. Was aber ist mit Psychohygiene? Wer putzt, reinigt und pflegt täglich seine Seele?
Die Reinigung von täglich neu anfallender geistiger Verschmutzung durch Medien aller Arten, die Entsorgung von seelischem und geistigem Müll, diese seelische Gesundheitspflege, wird immer wichtiger. Denn Gesundheit ist, wie wir heute wissen, mehr als nur das Fehlen von Krankheit. Sie ist vitale Lebenskraft und Lebensfreude.
Im Hinduismus gilt für jeden Gläubigen der göttliche Auftrag, für seine körperliche, geistige und seelische Gesundheit selbst verantwortlich zu sein. Für Christen war und ist das Abendgebet ebenfalls eine »seelenreinigende« Übung, also Psychohygiene.
Der Klang der Bilder versteht sich als ein weiterer therapeutischer Ansatz innerhalb der *Innovativen Psychohygiene*. Die Verbindung von heilsamen Klängen einer Klangschale mit den poetischen Wort-Bildern der Phantasiereisen und -übungen ist Gesundheits-

vorsorge und Gesundheitserhaltung. Sie bietet Entspannung, Konzentration und Meditation und ist ein Weg zu den verborgenen, versteckten inneren Schätzen, zu unserem inneren Reichtum.

Dadurch werden insbesondere zwei zentrale Aspekte der *Innovativen Psychohygiene* berührt:

1. Umfassende Entspannung und Stressabbau
Stress als kollektives Zeitphänomen führt zu steigenden psycho-vegetativen und psychosomatischen Störungen und Erkrankungen. Diese drohen, das soziale Netz des Krankenversicherungswesens zu zerreißen.

2. Die (Re)Aktivierung der Phantasie als essenzielle Lebenskraft
Durch die Anregung der Sinne, Sinnlichkeit und Gefühle werden die Grundelemente der menschlichen Existenz, wie Empathie, Mit-Gefühl und Liebe gesichert.

Die Bedeutung von Phantasiereisen in »Klang der Bilder«

Phantasiereisen sind wie innere Farbfilme, die die Sinne und Gefühle des Menschen bewegen und anregen. Therapeutisch eingesetzte Phantasiereisen bezeichnen wir auch als »gelenkte Imaginationen«. Während der Phantasiereise wird der Alltag ausgeschaltet und die Vorgaben verwandeln sich zu eigenen, »gefühlvollen« Innenbildern. Diese »innere Bilderschau« bedeutet eine Außenreizverarmung, eine Wahrnehmungseinengung. Sie führt absichtslos in das so genannte Hypnoid, ein abgesenktes Bewusstsein. Wir verlassen das (eingeschränkte) Tages- und Wachbewusstsein, das ja nur ein kleiner Teil des menschlichen Bewusstseins ist. Während der Phantasiereise erreichen wir tiefere Bewusstseinszustände und -schichten und nähern uns auch dem so genannten Unbewussten. Diese Vorgänge können durch Hirnstrommessungen objektiviert werden. Wir sprechen auch von Alpha-Zuständen, einem tiefen Entspannungszustand, in dem Alpha-Wellen im Gehirn, Zeichen von Ruhe und Entspannung, registriert werden.

Phantasiereisen können auch verschlossene Türen zu versteckten Innenräumen öffnen. Oft führen sie auch in eine andere Welt oder zu einer anderen Seite der Wirklichkeit.

Dem geforderten Körper und Geist bieten Phantasiereisen Ruhe, geben der oft gequälten Seele Frieden, dem Organismus Erholung und hungrigen Sinnen »voll-wertige« Nahrung. Sie sind ganzheitliches Erleben.

Die viel gefürchtete Langeweile ist meist Ergebnis eines wenig bewegten Innenlebens, dem Versiegen des »inneren Farbfilms« der Phantasie. Ihr Mangel führt auch zu einer Gemütsverarmung, ihr Fehlen zur Seelenlähmung. Solche Menschen werden anfällig für Verführung und – selten ungefährlichen – Kompensationen.

Phantasieübungen werden mit einiger Erfahrung konditioniert, verinnerlicht. Synchronisiertes Wort-Bild und Gefühl werden wie

ein Code ins »Unterbewusstsein« versenkt und können von dort jederzeit und überall abgerufen werden. Eine Bildvorstellung oder ein Wort-Bild genügt, um den synchronen (positiven) Gefühlszustand zu reaktivieren. Auf diesem ideo-motorischen Wirkungsprinzip beruht auch das Autogene Training.
– Ein Wort, eine Formel (Bild) wird zur inneren Vorstellung, führt zu einem Gefühl und dann zum gewünschten Ergebnis.

Ich möchte dies an einem Beispiel erläutern:
– »Sie stellen sich vor (visualisieren oder imaginieren), wie Sie auf einer blühenden Sommerwiese liegen. Die Sonne scheint. Sie fühlen ihre Wärme. Eine große Ruhe liegt über allem.«

In diesem Bild sind folgende therapeutische Impulse eingebunden:
– Wärme = Sonne und Sommer
– Entspannung = Liegen auf der Wiese
– Ruhe = Ruhe ist ein positiv besetzter Begriff und zugleich eine Formel aus dem Autogenen Training

Die drei therapeutischen Impulse »Wärme – Entspannung – Ruhe« werden zur inneren Vorstellung – sie werden visualisiert –, werden dann zum Gefühl und führen schließlich zum gewünschten Zustand der Wärme, Entspannung und Ruhe.

Nach einiger Zeit brauchen Sie sich nur noch eine blühende Sommerwiese vorzustellen, und Sie werden den gewünschten angenehmen Zustand erleben, er wird zum konditionierten Reflex.

Das Bild dieser Sommerwiese ist nun noch zu ergänzen durch andere Sinnesreize.

»Sie hören Bienen und Vögel summen und singen.
Sie riechen den Duft der Sommerblumen und schmecken die reifen Früchte eines Baumes.
Sie tasten und fühlen die Rinde eines Baumes.«

– Bienen und Vögel summen und singen = Hören, Hör-Sinn
– Der Duft der Sommerblumen = Riechen, Riech-Sinn
– Die reifen Früchte eines Baumes = Schmecken, Geschmacks-Sinn
– Die Rinde eines Baumes fühlen = Fühlen, Tastsinn

In dieser kleinen Phantasieübung sind alle fünf Sinne angesprochen und angeregt worden.
Die Übung wirkt »therapeutisch« (heilsam) auf Körper, Geist, Sinne und Seele.
Phantasiereisen und -übungen ist eine karthartische, reinigende Wirkung zuzuschreiben. Sie führen zu größerem Selbst-Bewusst-Sein, starkem Selbstvertrauen, dem Vertrauen in die eigene Kraft, Probleme mit neuen Einsichten lösen zu können. Sie sind eine Chance, aus Einbahnstraßen oder Sackgassen des Lebens herauszufinden.

Entspannung – Konzentration – Meditation

Entspannung bedeutet Stressabbau, Entlastung des gesamten Organismus. Befreiung von Dauerspannung und Über-Druck. Entspannung löst emotionale und energetische Blockaden sowie Muskel- und Charakterpanzerungen.
Dis-Stress (schlechter Stress) bedeutet zu hohe Spannung im körperlich und geistig-seelischen Bereich. Dies führt zu Fehlregulationen und frühzeitigem Verschleiß. Die körpereigenen »Batterien« sind leer.

Konzentration bedeutet geistige Sammlung, höchste Aufmerksamkeit. Konzentrationsschwäche ist signifikantes Zeichen bei stressgeplagten Menschen jeder Altersstufe.
Zu viele gleichzeitig auf den Menschen einwirkende Informationen, Reize sind symptomatisch für unsere Zeit. Diese Reizüberflutung aber führt zur Verengung von Nervenleitungen, sodass die entsprechenden Trägersubstanzen ihr Ziel nicht erreichen können. Sie stehen vor »verschlossenen Türen«. »Zu viele Bienen schwirren im Kopf herum. Vor lauter Bienen ist die Blume nicht mehr zu sehen.«
Ein anderes Beispiel für Konzentrationsschwäche: »Sie wollen Blumen gießen, aber die Gießkanne hat viele Löcher. Jede Blume bekommt so nur ein paar Tropfen anstatt den vollen Strahl.«
Konzentration ist der »volle Strahl« geistiger Aufmerksamkeit, volle Kapazität für eine Aufgabe einsetzen zu können.
Konzentration ist wie ein Laserstrahl: gebündeltes, auf einen Punkt gerichtetes Licht. Sie ist gebündelte geistige Kraft.

Meditation ist eine Versenkungsmethode, die Kunst des Absichtslosen. Sie ist mit Willen nicht herbeizuführen oder zu erzwingen. Nicht-Denken, Nicht-Wollen und Nicht-Tun sind Grundprinzipien der Meditation, Loslassen, Geschehenlassen ihre Zauberformeln. Meditieren kann man nicht wollen, eine geistige Einstellung ist Voraussetzung.

Meditation ist eine umfassende Ent-Spannung, eine tiefe Ruhe und Stille. Die innere Leere, das so genannte MU, erlaubt tiefe, innere Einsicht und Klarheit. Frei von äußeren und inneren Spannungen können sich die »Nebel der Erkenntnis« auflösen. Es ist die Chance, zwanglos-konzentriert über sich selbst, über Gott und die Welt nachzudenken.

»Nachdenken, stille Betrachtung, Versenkung«, so definiert der *Duden* die Meditation. Ist Meditation frei von modischem, ideologischem und dogmatischem Ballast, bietet sie die große Chance zu innerem Wachstum, größerer emotionaler und sozialer Sensibilität. Sie ist eine Voraussetzung für tolerante, mit-menschliche Kommunikation. Sie macht den Menschen liebenswerter, liebesfähiger, friedfertiger.

Meditation beinhaltet ein gewaltfreies, revolutionäres Potenzial.

Praktische Übungsanleitungen

Wo kann ich »Klang der Bilder« einsetzen?

Der Klang der Bilder ist in vielen persönlichen und pädagogisch-therapeutischen Bereichen einzusetzen:

- im persönlichen Bereich
- in Freundschaft oder Partnerschaft
- in der Ehe
- in der Familie
- im Kindergarten
- in der Schule
- in der Jugendarbeit
- in der Sozialarbeit
- in der Therapie
- in der Gruppenarbeit
- in der Jugendarbeit
- in der Körperarbeit
- im Sportunterricht
- als Ergänzung in der beruflichen Fortbildung
- in der Ausbildung für Erzieherinnen und Pädagoginnen
- in der psychosomatischen Medizin
- in der Rehabilitation
- in der kirchlichen Arbeit
- in Familienfreizeiten
- in Jugendfreizeiten
- in der Seniorenarbeit

Übungsanleitungen

Ein besonderes, nicht alltägliches Ereignis bereiten wir meist feierlich-festlich vor, wir schaffen eine einstimmende Atmosphäre.
Der Klang der Bilder könnte ein solcher Anlass sein.
Kleine Vorbereitungsrituale fördern die Vorfreude und stimmen uns geistig-seelisch ein, sodass wir den Alltagsballast leichter abschütteln können.
Zur Vorgehensweise einige Vorschläge aus der praktischen Erfahrung:

- Die Klangschale auf die flache Hand (oder auf die bunten Hongkong-Kissen) stellen.
- Die Finger ausstrecken, sie sollen die Schale nicht berühren, da sonst der Klang erheblich eingeschränkt wird.
- Den Klöppel waagerecht am unteren Rand der Schale anschlagen, den Klang ausklingen lassen, bevor ein neues Wort-Bild angeboten wird. Die Pausen jedoch nicht zu lange machen, da sonst die Phantasie zu sehr eigene Wege geht.
- Die *hellen* Klänge werden mit dem Holzende des Klöppels sanft angeschlagen.
- Die *dunklen* Klänge mit dem umwickelten Teil des Klöppels – nicht zu schwach – anschlagen.
- Der Klang wird unter- oder abgebrochen, indem man einen Finger fest auf den Rand der Schale legt.
- Planen Sie nach dem Ende einer Phantasiereise oder -übung Zeit zum Weiterträumen oder Meditieren ein.
- Ein Erfahrungsaustausch nach einem gemeinsamen Üben ist entlastend und anregend.
- Auch die Arbeit mit Klangschalen braucht eine gewisse Übung, daher: Geduld, Geduld, Geduld!

Anmerkungen aus der Praxis

- Ein dunkler Klang ist, außer in ganz wenigen Ausnahmen, an den Anfang einer Phantasiereise oder -übung als erster Klang zu setzen. Dieser Klang ist der ruhige Anfang des Spannungsbogens in der jeweiligen Geschichte bzw. Übung.
- Um helle und dunkle Klänge innerhalb einer Geschichte zu erzeugen, dreht man den Klöppel einfach um.
- Helle *und* dunkle Klänge in einer Geschichte führen zu mehr Lebendigkeit.
- Wenige Klänge oder nur ein Klang wirken eher meditativ.
- Dunkle Klänge sind vielseitiger, helle sparsamer einzusetzen.
- Entwickelt man eigene Geschichten, ist die Erkenntnis »weniger ist mehr« hilfreich. Zu viele Klänge erzeugen durch ihre starke energetische Wirkung Unruhe und Unbehagen.
- Die hellen, intensiven, auch heiteren Klänge eignen sich gut für die vitalen Farben des Regenbogens, dem belebenden Rot, Orange und Gelb.
- Die dunklen Klänge eignen sich für die beruhigenden, heilsamen Farben Grün, Blau und Violett.
- Bestimmte Worte bzw. Bilder verlangen nach hellen Klängen, z. B. »Sonne«, »Sonnenstrahlen«, »Eiskristalle«, andere oder sogar die meisten hingegen eher nach dunklen Klängen.
- Ein dunkler Klang am Ende einer Phantasiereise oder -übung ist das beruhigende Ende des Spannungsbogens.
- Bei allem sollte immer daran gedacht werden: *Alles sind Angebote, keine Gebote.*
- Eigene Wahrnehmungen und Gefühle haben Vorrang.

Anleitungshilfen für Gruppen

– Gruppenmitglieder und Leiter bzw. Leiterin sitzen im Kreis auf dem Boden oder auf Stühlen.
– Der Übungsleiter bzw. die Übungsleiterin beginnt mit einer *Einstimmung:*
»Du bist gelöst, entspannt und ruhig.
Lass alle Spannung los, von dir abfließen.
Dein Atem kommt und geht in großer Ruhe.«

Erste Übung:
»Du hörst die Stille hinter dem Klang.« (Seite 42)
Das Übungsende wird vom Leiter bzw. der Leiterin vorgegeben oder den Übenden mit folgender Formel überlassen:
»Du bleibst so lange in der Ruhe, wie sie dir wohl tut.«
Ist etwa die Hälfte der Gruppe wieder »wach«, beendet der Leiter bzw. die Leiterin die Übung für alle mit der Zurücknahme:
»Fäuste machen, die Arme, den Körper recken und strecken, tief durchatmen und die Augen wieder öffnen.«
Die Zurücknahme bedeutet wieder frisches »Da-Sein« und volle Funktionsfähigkeit.
Werden die Phantasiereisen oder -übungen als Einschlafhilfen genutzt, fällt die Zurücknahme weg.

Zweite Übung (einmalige Übung zu Beginn der allerersten Stunde):
Nacheinander nimmt jedes Gruppenmitglied die Schale auf seine Hand, schlägt den Klöppel an den Rand und nimmt den Klang in sich auf, hört und fühlt ihn.
Die Klangschale wird erst weitergegeben, wenn die letzte Schwingung, für andere schon nicht mehr hörbar, verklungen ist.
Haben alle Gruppenmitglieder angeschlagen, werden Erfahrungen ausgetauscht:

- Gab es Unterschiede bei den hellen und den dunklen Klängen?
- Wo habe ich den Klang körperlich wahrgenommen, gefühlt? Im oberen oder im unteren Körperbereich oder im Kopf?
- Wie habe ich mich beim Schlagen und beim Hören eines Klanges gefühlt?

Dritte Übung:
»Der Klang löst alle Spannung auf.« (Seite 42)

Vierte Übung:
»Der Klang ist das Tor zu deiner Phantasie.« (Seite 42)

Fünfte Übung:
»Du siehst eine schillernde Seifenblase in den Himmel schweben.« (Seite 42)

Weiterer Übungsverlauf:
Er richtet sich nach der jeweiligen Zielgruppe, den Vorstellungen des Übungsleiters bzw. der Übungsleiterin sowie den Wünschen der Übenden. Alle Übungen werden subjektiv erlebt und sind wertungsfrei. Es gibt keinen Wettbewerb.

Anleitungshilfen für das Üben alleine

Die heilsame Verbindung von Klang und Wort und die anregenden und entspannenden Phantasien entfalten sich auch, wenn man alleine übt, besonders natürlich dann, wenn man über eine Klangschale verfügt.
In einem ruhigen Raum, möglichst ohne störende Lärmquellen (Klingel und Telefon abstellen), schaffe man sich eine kleine Insel der Ruhe. Man kann liegen oder sitzen, in klassischer Meditationshaltung, im Fersen- oder Schneidersitz oder in der Position, die einem besonders angenehm ist. Manche Menschen bereichern das kleine Ritual mit Kerzen, einer Blüte oder mit Duftölen. Alles dient der Entspannung und Erholung des ganzen Organismus. Solch wenig zeitaufwendige Entspannungs- oder Meditationsrituale können zur täglichen Psychohygiene werden.
Als erste »Übung« nimmt man die Klangschale auf die flache Hand und schlägt mit dem Klöppel an. Der dunkle Klang wird durch den Filz- oder umwickelten Teil erzeugt, ein heller mit dem Holzteil.
»Du hörst die Stille hinter dem Klang« (Seite 42) ist eine gute Einstimmung zu vielseitigen Möglichkeiten. Nun ist es wichtig, dem Klang ohne Zwang oder Erwartung nachzuspüren, ihn zu hören oder zu fühlen. Fühlen, wo immer er Körper, Geist und Seele »berührt«.
Nach diesem »nicht denken, nicht wollen, nicht tun«, dieser Kunst des Absichtslosen, werden die Gedanken bald schlafen gehen.
Jede Übung des Buches, verbunden mit einem oder mehreren hellen oder/und dunklen Klängen, eignet sich zum allein Üben. Dabei wird es mit der gleichen Übung immer wieder neue Erfahrungen geben: Mal kommen zwanglos Gedanken oder Gefühle, ein anderes Mal genießt man die entspannende »Leere«. Träumerische Gedanken und Phantasien sind die beste Hilfe,

um Stress abzubauen und zu tiefer Ruhe und Erholung zu kommen.
Meditation bringt dem Geist Ruhe, dem Körper Regeneration und der Seele Frieden.

Meditatives Malen

Meditatives Malen heißt Malen in der Stille, ohne zu sprechen, das mit dem inneren Auge Gesehene und Erlebte ohne Leistungsdruck malend auszudrücken. »Es« malen lassen, was immer »Es« will.
Die Wahrnehmungen, Erfahrungen und Gefühle einer Übung aus einem der sieben Themenkomplexe mit Wachsmalstiften, Öl- oder Pastellkreiden in Farbe und Struktur umzusetzen – weniger gegenständlich als vielmehr intuitiv – ist ein kreativer Gestaltungsprozess innerer Bilder.

Vorgehensweise:
Das meditative Malen ist für Kinder und Erwachsene ein vertiefendes, anregendes und entspannendes Erlebnis.
Die Teilnehmer sitzen nach einer Phantasiereise oder -übung um eine ausgerollte Tapeten- oder Zeitungsrolle herum. Besonders eignet sich das Sitzen im »Reißverschlusssystem«, das heißt, die Teilnehmer sitzen sich schräg gegenüber. So hat jeder die ganze Blatttiefe für sich allein und genügend Raum für sich.
Es wird auf der glatten Rückseite der Tapetenrolle gemalt. Hat sie plastische Muster, ergibt dies oft interessante Bilder.
In Ruhe malt nun jeder sein Bild. Sind alle mit dem Malen fertig, stehen sie auf, recken sich, schütteln Arme und Beine kräftig, um den Kreislauf wieder anzuregen, und gehen um alle Bilder aufmerksam herum. Danach setzt sich jeder wieder vor sein eigenes Bild.
Beim folgenden Erfahrungsaustausch gilt: weniger über die Maltechnik reden, sondern bei den eigenen inneren Bewegungen und Gefühlen zu bleiben.
Die Bilder werden nicht analysiert, gedeutet, interpretiert oder bewertet. Es gibt keine Noten oder Beurteilungen. Der Malende gibt nur das preis, was er möchte. Alles geschieht freiwillig.

Die anderen Teilnehmer können nachfragen oder mitteilen, was ihnen besonders gut an dem Bild gefällt.
Auch hier gilt wieder: Alles sind Angebote, keine Gebote.
Selbst sehr unruhige Kinder nehmen dieses Angebot gerne an. Sie sitzen still und konzentriert auf dem Boden und vergessen die Welt um sich herum.

Meditatives Malen im psychotherapeutischen Bereich

Einstieg und Ablauf sind genau wie in der zuvor beschriebenen Gruppenübung. Der Unterschied liegt in der Aufgabe des Trainers und Therapeuten. Er bezieht den tiefenpsychologischen Aspekt, die bewussten und unbewussten Anteile mit ein.

Meditatives Malen im psychotherapeutischen Bereich hat therapeutische und diagnostische Aspekte. Das Malen wirkt entlastend, befreiend, entspannend. Durch die Transformation des inneren unbewussten Geschehens in die äußere, materielle Gestalt werden Affekte abgebaut. Dieses Malen hat eine kathartische, also reinigende Wirkung und bietet die Möglichkeit, physisch-psychische Blockaden zu lösen.

Der diagnostische Anteil des meditativen Malens erschließt sich durch Deutung, Analyse und Interpretation des Bildes durch den Therapeuten. Gemeinsam werden die unbewussten Anteile oder Botschaften im Bild angeschaut, sozusagen nachgeschaut. Die Beschäftigung mit dem Bild wirkt meist noch über die Sitzung hinaus und führt zu neuen Einsichten und Erkenntnissen.

Meditatives Malen bedeutet Selbsterfahrung und Selbsterkenntnis. Die Schönheit und energetische Kraft der Farben ist ein zusätzliches therapeutisches Medium. Dieser kreative »Weg« ist Anregung und Entspannung zugleich.

Alle Symbole auf einen Blick

Klangschale mit Holzklöppel
+ Holzklöppel für helle und dunkle Klänge =

ein heller Klang = ○

zwei helle Klänge = ○ ○

drei helle Klänge = ○ ○ ○

ein dunkler Klang = ●

zwei dunkle Klänge = ● ●

drei dunkle Klänge = ● ● ●

heller oder dunkler Klang = ○/●

heller und dunkler Klang = ○ ●

dunkler und heller Klang = ● ○

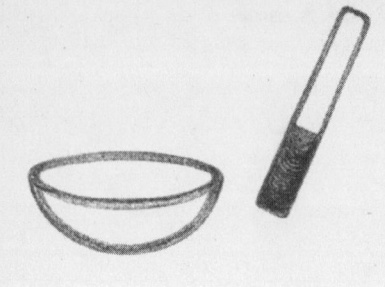

Klangschale auf die flache linke Hand, auf eine feste Unterlage oder auf die passenden bunten Polster stellen. Die Finger berühren die Schale nicht, da sonst die Schwingung des Klanges gebremst wird.

Klöppel waagrecht in die rechte Hand nehmen, kurz unter dem äußeren Rand der Schale anschlagen.

Ein *heller* Klang entsteht durch das Anschlagen mit dem freien Holzteil des Klöppels.

Den Klöppel zart anschlagen, da der helle Klang sonst zu intensiv wird.

Mit hellen Klängen sparsam umgehen.

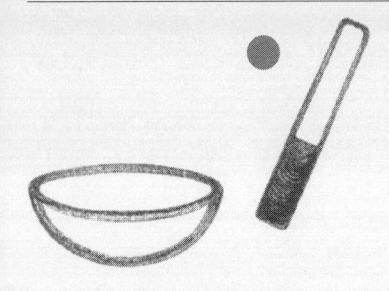

Ein *dunkler* Klang entsteht durch das Umwickeln eines Klöppelendes mit Stoff, Leder, Samt oder einer kleinen Mullbinde.

Ein dunkler Klang wirkt sehr beruhigend, entspannend, im besten Sinn neutral.

Es empfiehlt sich, am Anfang und Ende immer einen dunklen Klang zu setzen. Dazwischen lockern helle Klänge eine Geschichte oder Übung auf.

In der Regel genügt ein dunkler Klang zum Abschalten, Entspannen, zur Erholung und Meditation.

Phantasieübungen mit einem Klang

Du hörst die Stille hinter dem Klang. ●

Der Klang löst alle Spannung auf. ●

Der Klang ist das Tor zu deiner Phantasie. ●

Der Klang ist das Tor zu einem Zauberschloss. ●

Der Klang führt dich in eine Zauberhöhle. ●

Du findest mit dem Klang einen Ort, ●
an dem du dich wohl fühlst.

Am Himmel zieht ein Vogel große Kreise. ●

Du siehst eine schillernde Seifenblase ○/●
in den Himmel schweben.

Ein bunter Luftballon fliegt in die Lüfte ○/●

Eine Wolke segelt am Himmel vorüber. ●

Im Nachtblau des Himmels leuchtet der Abendstern. ○/●

Ein Stein fällt ins Wasser und zieht große Kreise. ●

Ein bunter Drachen segelt im Herbst zum Himmel. ●

Du siehst einen Tautropfen, ●
in ihm spiegelt sich die Welt.

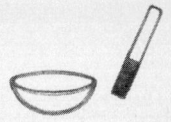

Du siehst einen Tautropfen, ○
in ihm spiegelt sich die Sonne.

Du siehst eine wunderschöne Perle. ○/●

Du siehst eine Farbe, leuchtend und klar. ○/●

Ein Märchen fällt dir ein. ●

Du siehst einen wunderhübschen Schmetterling, ●
der sich im Wind wiegt.

Du bist auf einer Trauminsel. ●

Du bist in einem Schloss ●
aus dem Märchen TausendundeineNacht.

Du bist im Marmorbad eines Märchenpalastes. ●

Du stehst oben auf einer Moschee, ●
unter dir eine orientalische Stadt.

Du fliegst auf einem Zauberteppich. ●

Du sitzt an einem Kachelofen und genießt die Wärme. ●

Du stehst auf einem Berggipfel, ●
vor dir liegt eine unendlich weite Landschaft.

Du sitzt auf einer Bank am Waldrand, ●
vor dir wogende Kornfelder.

Du siehst einen Baum von seinen ●
Wurzeln bis zur Krone.

Du siehst eine Knospe, die sich langsam entfaltet. ○/●

Du siehst eine wunderschöne Blüte, ○/●
siehst die Farben, riechst ihren Duft.

Du sitzt im warmen Sand am Strand, ●
siehst das Meer, hörst sein Rauschen

Du sitzt am Meer, genießt das Blau, ●
siehst die Wellen kommen und gehen.

Du sitzt an einem Strand und fühlst den ●
warmen, weichen Sand auch in deinen Händen.

Du sitzt am Strand, um dich herum ●
die schönsten Steine.

Du sitzt vor einem Aquarium ●
und siehst gar vielerlei.

Du bist in einer Berghütte, ●
sitzt vor einem Kamin und genießt die Wärme.

Du sitzt in einem Schaukelstuhl vor einem Kamin. ●

Du bist in einem Iglu, warm und geborgen, ●
weit weg vom Alltag.

Phantasieübungen mit einem Klang

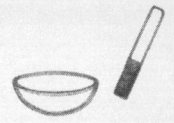

Du bist in einem Orangenhain, ●
siehst Blüten und Früchte, riechst ihren Duft.

Du siehst einen leuchtenden Regenbogen ●
über einer weiten Landschaft.

Du siehst alle Farben des Regenbogens, ●
suche dir eine Farbe aus.

Du siehst eine Farbe, sie umgibt dich, ○/●
sie hüllt dich förmlich ein.

Du siehst einen Fächer, der sich ●
langsam öffnet und schließt.

Du bist an einem See, ●
das Schilf wiegt sich hin und her.

Du siehst die schönsten Eisblumen ○/●
und -muster an den Fensterscheiben

Du sitzt warm verpackt auf einem Schlitten ●
und rodelst vergnügt einen Berg hinab.

Du siehst einen hübschen Schneemann, ○/●
er erinnert an viele Wintertage

Du stehst vor verschneiten Tannen, ●
der Wind bläst den Schnee herab.

Ein Marienkäfer krabbelt gemächlich im Gras. ●

Ein bunter Herbstwald leuchtet in der Herbstsonne

Ein Herbstblatt weht langsam zur Erde.

Ein Vogel fliegt von einem Baum
in die Weite des Himmels.

Eine Katze liegt auf deinem Schoß,
sie schnurrt, du streichelst ihr zartes Fell.

Eine Katzenmutter spielt mit ihren Jungen.

Auf einem Meer nähert sich ein Boot mit weißen Segeln.

Am nachtblauen Himmel fällt dir ein
besonders großer, leuchtender Stern auf.

Am Himmel ziehen Wolken vorüber,
eine gefällt dir besonders.

Du siehst eine Sanduhr,
siehst, wie der Sand langsam herabrieselt.

Du siehst Baumwipfel, wie sie im Wind
hin und her schwingen.

Du siehst Grashalme, wie sie im Wind
sanft hin und her wehen.

Du schaust in eine brennende Kerze.

Phantasieübungen mit einem Klang

Du siehst das Pendel einer Uhr, ●
ruhig schwingt es hin und her.

Du siehst eine Kirchenglocke, ●
wie sie hin und her schwingt.

Die Morgensonne erhebt sich über dem Horizont. ○/●

Die Sonne versinkt langsam am Horizont. ●

Aus dunklen Regenwolken bricht ein Sonnenstrahl hervor. ○

Ein Bach fließt durch eine schöne Landschaft. ●

Im klaren Wasser des Flusses siehst du Fische ●
in allen Größen und Farben schwimmen.

Auf dem Grund des Baches liegen Steine ●
in allen Formen, Größen und Farben.

Du stehst unter einer Licht-Dusche und badest in ○/●
hellem Licht.

Du stehst unter einer Farb-Licht-Dusche ○/●
und badest förmlich in einer Farbe,
die dein inneres Auge sieht.

Auf deinem Bauch liegt ein Kuscheltier, ●
du fühlst, wie es sich beim Einatmen hebt und
beim Ausatmen senkt.

Am kleinen Bachlauf glitzert im Eis erstarrtes Wasser.

Die weite Landschaft unter einer dicken Schneedecke
ist überzogen vom Blau des Himmels.

Die Katze liegt schnurrend auf dem Sofa,
ihre Ruhe wirkt besänftigend.

Im dunklen Wald schimmert
auf der Spitze der Tanne der Abendstern.

Der Schwan zieht in vollkommener Ruhe
seine Bahn im schilfumstandenen See.

Langsam steigt die Sonne wie ein glühender Ball
über den Dächern und Baumwipfeln auf.

Langsam versinkt die Sonne hinter
dem Kamm des Gebirges.

Das Kind träumt sich eine Leiter
hoch zum Himmel, zum Mond und den Sternen.

Das Schiff mit seinen weißen Segeln
gleitet lautlos durch die blauen Wellen.

Der Vogel schwingt sich vom Ast des Baumes
hinauf in die laue Frühlingsluft.

In der vollerblühten Blume
sonnt sich summend die dicke Hummel.

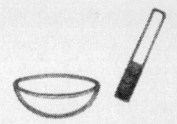

In allen Regenbogenfarben gleitet das Seidentuch
durch die Hände.

Das goldene Kruzifix leuchtet
im Licht der Kerzen,
wie von Strahlen umrahmt.

Unter den Lärchen liegen im Herbst
ihre goldenen Nadelberge.

Wie ein samtener Teppich aus schönstem Grün
wächst das Moos zwischen all den Bäumen.

Phantasieübungen mit hellen und dunklen Klängen

Alle kurzen Übungen können auch mit nur einem *einzigen dunklen* Klang verbunden werden. Diesen »minimalistischen« Ansatz finden Sie in den weiteren Kapiteln dieses Buches. Er hat sich im Bereich Entspannung – Konzentration – Meditation sehr bewährt. Dabei gilt immer wieder: Alles sind Angebote, keine Gebote. Alle Übungen können nach eigenem Ermessen variiert werden. Einige prinzipielle Erwägungen und Erfahrungswerte sind im Übungsteil des Buches beschrieben.

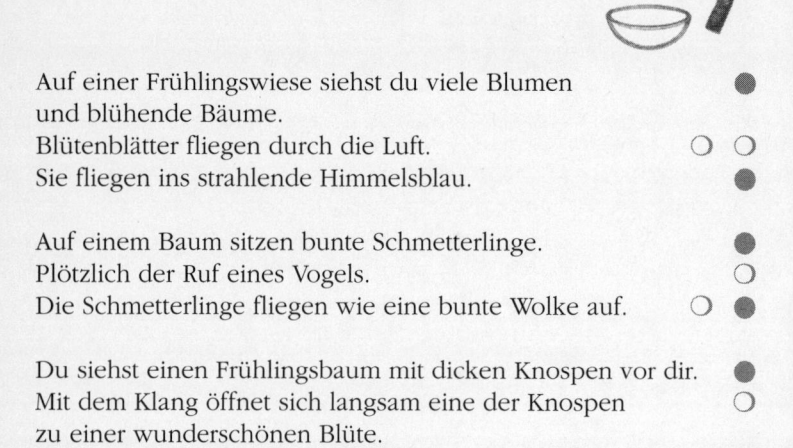

Auf einer Frühlingswiese siehst du viele Blumen ●
und blühende Bäume.
Blütenblätter fliegen durch die Luft. ○ ○
Sie fliegen ins strahlende Himmelsblau. ●

Auf einem Baum sitzen bunte Schmetterlinge. ●
Plötzlich der Ruf eines Vogels. ○
Die Schmetterlinge fliegen wie eine bunte Wolke auf. ○ ●

Du siehst einen Frühlingsbaum mit dicken Knospen vor dir. ●
Mit dem Klang öffnet sich langsam eine der Knospen ○
zu einer wunderschönen Blüte.
Du siehst den voll erblühten Baum. ●

Du sitzt in einem Park an einem Teich. ●
Es grünt und blüht um dich herum.
In der Mitte des Teiches glitzert in der Sonne ein ○
Springbrunnen.
Du riechst die klare Luft.
Du sitzt gelöst und entspannt, bist ganz gelassen. ●

Du siehst einen Wasserfall, wie er hell vom Felsen springt. ○
Im Wasserdunst ist ein Regenbogen zu sehen.
Du siehst die leuchtenden Farben. ○ ○

Ein Vogelzug im Herbst, ●
er zieht am Himmel dahin,
du träumst dir ein Ziel. ●

Der Klang ist wie ein Sonnenstrahl, ○
der dich berührt oder etwas aus deinem Leben erhellt.

Du siehst einen Baum. Es ist ein Wunschbaum. ●
Ein Klang ist ein Wunsch, der auffliegt. ○
Sieh dir deinen Wunsch genau an. ●

Vor dir eine brennende Kerze.
Du siehst dem Tanz der Flamme zu.
Je länger du schaust, desto tiefer wird die Ruhe,
und dein Geist wird klar.
Vielleicht liegt in der Flamme ein Rätsel verborgen.
Träum darüber ein wenig weiter.

Du siehst einen Fluss, der ruhig dahinfließt.
Wirf alles Verbrauchte, alle Spannung, alles Überflüssige
oder Belastende dort hinein.
Er fließt weiter und weiter, bis er am Horizont,
vielleicht im unendlichen Meer, verschwunden ist.

Stell dir schöne, schillernde Seifenblasen vor,
wie sie in die Luft fliegen.
Es ist, als seien es die störenden Gedanken,
die aus deinem Kopf herausfliegen.
Wie Seifenblasen fliegen deine Gedanken davon.
Stille und Ruhe ist in dir.

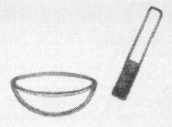

Bunte Wollfäden liegen vor dir.
Lege dir aus den bunten Fäden ein Muster.
Schön ist das Muster aus den bunten Fäden.

Eine bunte, schillernde Seifenblase ist ein Problem,
das davonfliegt.
Schicke andere Sorgen oder Probleme einfach als
Seifenblasen davon.
Manch eine zerplatzt im Sonnenlicht.

Jeder Klang ist ein Wunsch in dir.
Ordne die Wünsche nach ihrer Wichtigkeit.

Du siehst mit jedem Klang einen Menschen vor dir,
der in deinem Leben wichtig ist oder war.
Setze sie in deiner Phantasie um dich herum in einen Kreis.
Den einen näher, den anderen weiter weg.
Du bist der Mittelpunkt in diesem Kreis.

Wie sehe ich mich?
Wie sehen mich die anderen?
Wo sind die Unterschiede?

Ich wünsche mir zur Zeit am meisten …
Was steht der Verwirklichung im Wege?
Wie kann ich es ändern?

Du fühlst deinen Atem, wie er kommt und geht.
Dein Atem kommt
und der Atem geht
Die Atmung geschieht ruhig und zwanglos.
Es atmet mich.

Stelle dir die Aufgaben vor,
die du die nächste Zeit zu bewältigen hast.
Ordne sie nach ihrer Wichtigkeit.

Sieh dir die Ziele an, die du anstrebst.
Ein Ziel für heute,
eines für morgen,
eines für nächste Woche,
eines für viel später,
eines, das du als Lebensziel betrachtest.

Du siehst einen Menschen vor dir,
dem du schon lange etwas sagen wolltest.
Es kann ein Mensch aus deiner Vergangenheit
oder deiner Gegenwart sein.

Phantasiereisen mit hellen und dunklen Klängen

Die Zauberhöhle

Ein Gong ertönt beim Öffnen eines großen Tores.
Du stehst in einem hohen, dunklen Raum.
Langsam gehst du weiter.
Nach einer Weile erreichst du eine Höhle.
Sie besteht aus lauter bunten Edelsteinen.
Du genießt die leuchtenden Farben.
Du brichst dir ein kleines Stück ab.
Du hältst es in deinen Händen, schaust durch das
Kristall hindurch und siehst auf zauberhafte Weise etwas
darin widergespiegelt. Vielleicht aus deinem Leben?
Du siehst es dir in Ruhe von allen Seiten an.
Du genießt die Ruhe und träumst ein wenig weiter.

Das Vogelnest

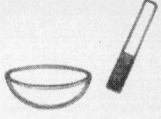

Am wolkenlos blauen Himmel ziehen Vögel ● ●
ruhig ihre Kreise.
Einer der Vögel fliegt zu einem Baum, wo im dichten Geäst
sein kunstvoll gebautes Nest verborgen ist.
Ruhig, geborgen, geschützt und warm sitzt der ●
Vogel brütend auf den Vogeleiern.
Aus einem Vogelei hörst du Geräusche. Wie ein ○ ○
sanftes Klopfen hört es sich an.
Plötzlich bricht das Ei auf. Der junge Vogel schlüpft heraus.
Von dem schweren Tun ruht er sich aus. ●
Bald sitzt er schon am Rande des Nestes und schaut
auf die neue große Welt vor seinen Augen.
Irgendwann ist er bereit zum Fliegen.
Er schüttelt sein Gefieder und fliegt mit einem ○
hellen Ruf davon.
Eine Weile kreist er noch um das Nest.
Dann nimmt er Abschied. Wohin wird er fliegen? ●
Sein fröhlicher Ruf dringt über das ganze Land. ○

Der Regenbogen

Eine weite, offene Landschaft liegt vor dir.
Felder, Wiesen, am Horizont Wälder, Berge.
Es hat geregnet. Die Erde riecht würzig.
Am Himmel ziehen dunkle Wolken vorüber.
Langsam schiebt sich die Sonne zwischen den Wolken hindurch.
Ihre Strahlen fallen wie ein großer Fächer über das Land.
Ein Regenbogen bildet sich. Wie eine riesige Himmelsbrücke überspannt er das Land.
Seine leuchtenden Farben sind klar zu sehen.
Du siehst seine Farben strahlend vor dir.
Jede Farbe hat ihre eigene Kraft,
eine Energie, die alles belebt.
Die Schönheit der Farben erfreut dein Auge, dein Herz und deine Seele.

Der Waldsee

Ein Wald liegt vor dir, ~~helle Sandwege~~ *verschneite Wege* führen durch den Forst.
Hinter einer Lichtung liegt ein Waldsee.
Wolken und Bäume spiegeln sich in ihm wider.
Eine Holzbank lädt dich ein zur Rast und Ruhe.
Weidenäste wehen über die Bank.
Vögel singen uralte Lieder.
Pilze wachsen im dichten Moos. Manche mit roten Häubchen und weißen Punkten.
Der Wald hat sein eigenes Leben,
seine Gerüche, seine Klänge, seinen Zauber.
Vielleicht magst du kleine Steine in den Waldsee werfen?
Es bilden sich Kreise, die immer größer werden.
Bis ans andere Ufer ziehen sie hin.
Muster bilden sich auf dem Wasser
wie die Runen alter Waldgeister.
Vielleicht erzählen sie dir ein Märchen
aus lang vergangener Zeit.

Die Katzen

Es ist Frühling.
In einem Korb liegen Katzenbabys,
eng aneinander geschmiegt.
Sie wissen sich geborgen im Schutz der Mutter.
Sie kommt auf ihren Samtpfoten schnurrend zum Korb.
Die Kätzchen wachen durch ihr Schnurren auf,
sie recken und strecken sich und gähnen
mit weit aufgerissenen Mäulchen.
Sie fiepen so zart, als müssten sie ihre Stimmen
noch schonen.
Behaglich saugen sie, die Augen vor Wohlbehagen
geschlossen.
Bald sind sie munter, stubsen und schubsen sich um
die Wette und kugeln übereinander.
Nach dem Spiel drücken sie sich dicht ans Fell der Mutter.
Sie genießen ihre Nähe, Wärme und schnurren um
die Wette.
Es wird still im Katzenkorb.

Die Pusteblume

Es ist ein strahlender Frühlingstag. ●
Auf einer großen Wiese blüht leuchtend gelb der
Löwenzahn.
Das Gelb im Grün. Es tut nicht nur dem Auge wohl. ○
Die Bienen suchen süßen Blütensaft,
der Schmetterling, er ruht sich aus.
Die Vögel singen um die Wette. Ein jeder Vogel ○ ○ ○
verdient den ersten Preis.
Ihre Lieder erzählen von Frühlingsfreude.
Einige Löwenzahnblüten sind schon in silbrig-graue ●
Kugeln, in Pusteblumen verwandelt.
Der Wind bläst sie auf ihren Weg in die weite Welt.
Munter fliegen sie durch die Lüfte. ○ ○
Wohin wird ihr Weg wohl gehen?
Über den See, den Fluss, über Wiesen, Felder und
kleine Dörfer?
Ein Löwenzahnschirmchen findet eine wunderschöne ●
Landschaft, unberührt und unversehrt.
Zufrieden lässt es sich dort nieder.
Es ruht sich von seiner langen Reise aus.
Tief sinkt es in die Erde und übers Jahr wächst dort,
zur Freude aller, ein strahlendgelber Löwenzahn. ●

Der Teddybär

Auf dem Dachboden eines alten Hauses stehen Kisten
und Koffer.
Sie haben weite Reisen und ein langes Leben hinter sich.
Was haben sie nicht alles erlebt!
Ein Schaukelpferd steht in einer Ecke des Dachbodens.
Beim Reiten fühlst du seine Mähne, sein buntes Zaumzeug,
seinen Ledersattel, gegerbt vom vielen Schaukeln.
Du öffnest manche Kiste, manchen Koffer.
Du findest so allerlei.
Ganz unten in einer Kiste liegt der Teddybär.
Du fühlst sein weiches Fell, voll von tausend Kinderküssen.
Der Teddybär erzählt dir eine – vielleicht auch seine –
Geschichte.
Hör gut hin, was er so alles zu erzählen weiß.

Die Berghütte

Du bist ruhig, gelöst, entspannt.

Du wanderst vergnügt in einer großartigen Berglandschaft.
Bald begleiten dich auf deinem Weg nur
noch kleine, windzerzauste Kiefern.
Auf dem Berg angelangt, freut dich die Aussicht.
Weit kannst du schauen, unbegrenzt ist dein Blick.
Diese Weite fühlst du auch in dir.
Die Luft hier oben ist frisch und klar.
Ein wenig Kiefernduft mischt sich ein.
Bergdohlen fliegen wie dunkle Schatten auf.
Ihr Ruf fängt sich am andern Berg, als Echo kommt er zurück.
Auf dem Gipfel steht die Berghütte,
verwittert vom Sturm, von Frost und Schnee.
Der Rauch steigt aus dem Schornstein steil in die Luft.
Du trittst ein, dein erster Blick fällt auf ein Kaminfeuer.
Die tanzenden Flammen fesseln deinen Blick.
Das Holz knistert und verströmt einen würzigen Duft.
Du sitzt in einem Schaukelstuhl, genießt die Ruhe,
Wärme und Geborgenheit,

und schaukelst sanft in ihm hin und her – hin und her.

Der Atem ist ruhig und gleichmäßig.

Der Atem geschieht.

Es atmet Dich.

Der Palast aus 1001 Nacht

Du bist ruhig, gelöst, entspannt

Durch ein hohes Tor betrittst du den Hof des Palastes,
der prachtvoll, wie aus einem Märchen aus 1001 Nacht
erscheint.
Ein Brunnen mit in der Sonne glitzernder Fontäne ziert
den Hof.
Du gehst durch den Palast, durch viele Räume, die schön
und kostbar ausgestattet sind.
Nach einer Weile kommst du in einen großen hellen
Raum, in den das Sonnenlicht ungehindert
durch die hohen Fenster fällt.
Inmitten des Raumes ist ein großes Becken aus blauem
Edelstein in den Boden eingelassen.
Aus goldenen Kranen sprudelt duftendes Wasser.
Du steigst ins Becken. Das warme, duftende Wasser
umschmeichelt deine Haut.
Dein Körper, deine Haut sind wohlig warm.
Zarte Klänge erfüllen den Raum.
Du schwingst im Wasser leicht wie eine Feder hin und her.
Du träumst den Traum dir weiter.

L) Dein Sonnengeflecht ist strömend warm

Der Palmengarten

Ein Palmengarten liegt mitten in der Stadt.
Aus allen Ländern dieser Erde wachsen dort Blumen,
Büsche, Bäume, von den Menschen gehütet und gepflegt.
Seltene Orchideen wachsen in gläsernen Häusern,
oft an kleinen Tümpeln.
In einem Teich inmitten des Glashauses tummeln sich
Goldfische zwischen grünen Blättern.
Seerosen wiegen sich auf riesigen Blättern.
Eine Blüte öffnet sich ganz langsam. Sie ist wunderschön.
Du genießt die Ruhe in diesem Blumenhaus aus Glas.
Im Palmengarten liegt der kleine See
mit einem Hexenhaus am Rand.
Riesige Steine liegen aufgetürmt,
als hätte ein Riese sie dort verloren.
Aus den Steinen sprudelt Wasser,
es fließt eilig zum großen Teich,
auf dem Enten und Schwäne ihre Bahnen ziehen.
Wie eine Oase in der lauten Stadt lädt der Palmengarten
dich ein, zum Schauen, Rasten und Ruhen.

Der Fliegende Teppich

Im Land der tausend Märchen siehst du die alte Stadt
mit ihren engen Gassen, Märkten, Moscheen
und prunkvollen Palästen.
Durch die Gassen und den kunterbunten Markt
führt dich dein Weg.
Seidene Gewänder und Stoffe hängen dort.
Du riechst die Düfte des Orients,
schwer, süß, fast betäubend.
Hörst Zimbeln, Flöten und die Trommeln.
Schmeckst den süßen Saft der Früchte.
Alle Sinne haben einen Feiertag.
Dein Weg führt dich weiter, bis zum blühenden Garten
des Palasts des Sultans.
Ein Zauberteppich liegt auf dem Grün,
aus tausend bunten Fäden gewebt.
Du setzt dich auf ihn, weißt, es ist ein Zauberteppich,
der fliegen kann.
Er hebt ab, sicher und geborgen ruhst du dort.
Höher und höher schwebt er durch die Luft.
Der Wind rauscht an dir vorbei.
Er wird dich begleiten auf deine Reise, wohin du willst.

Der Wasserfall

Du bist in einem üppig blühenden Wald der Tropen. ●
Du siehst das Grün in vielen Farbschattierungen.
Leuchtende Farben, Blumen und Blüten überall. ○
Mitten im Wald ein Fels.
Ein Wasserfall rauscht von ihm herab. ○
Der Wind treibt das Wasser an den Fels,
weit ist es zu hören.
Über dem Wasser malt die Sonne einen Regenbogen. ●
Seine Farben leuchten, schweben fast durch die Luft. ○ ○
Du fängst in deinen Händen dir ein wenig Wasser.
Du schmeckst das frische, klare Nass. ○
Es netzt deine Kehle, rinnt kühl hinab.
Du fühlst dich wohl und ruhst dich aus. ●
Eine große Ruhe liegt schützend über allem.

Die Mondschaukel

Im Nachtblau des Himmels strahlt der Mond.
An goldenen Fäden hängt eine Schaukel.
Es ist die Mondschaukel, die nur Glückskinder sehen können.
Du setzt sich darauf und sie beginnt sacht zu schwingen, hin und her, wie dein Atem schwingt sie hin und her.
Tiefe Ruhe wird fühlbar.
So lässt es sich gut träumen.

Die Seerose

Im schilfumstandenen Teich wiegen sich
auf schlanken Stielen die noch verschlossenen Seerosen.
Ein Sonnenstrahl. Schon öffnet sich langsam eine Knospe.
Es ist, als breite sie Flügel aus, um der Sonne
entgegenzufliegen.
Das Weiß der Blütenblätter, das Gelb der Staubgefäße,
das Grün der großen Blätter,
sie leuchten vor dem Azurblau des Himmels.
Die Schönheit der Blüte bewegt den Sinn, berührt das Herz.

Phantasiereisen durch die Jahreszeiten

Frühlingsanfang

Frühlingsanfang und auf den Bergen liegt frischer Schnee.
Am Himmel spielen die Wolken mit der Sonne.
Sie vertreibt die letzte Winterkälte.
Ihre Wärme verheißt den Frühling mit seinem Licht,
dem Duft und all der Heiterkeit.
Ein Sonnenstrahl fällt auf den Magnolienbaum.
Sein Licht gebündelt auf die dicken Knospen,
aus denen das Blütenweiß, nicht ahnend seiner
Vergänglichkeit, hervorschaut.
Vögel fliegen, flattern und schweben durch die Luft
wie große Blätter, die der Winter vergessen hat.
Schneerosen und Schneeglöckchen, Krokus und Narzisse,
ihr Bunt leuchtet aus dem trockenen Braun der Wintererde.
Ein Salut für einen neuen Frühlingsanfang.

Sommer

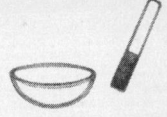

Du läufst, vergnügt wie ein Kind, über eine bunte Sommerwiese.
Du fühlst unter deinen Füßen warm das Gras.
Es weht ein sanfter Wind. Hin und her, hin und her.
Das Bunt der Sommerblumen leuchtet in der klaren Luft.
Der Wind hat den Himmel blank gefegt.
Das Blau leuchtet, es umgibt dich wie der schönste Sommermantel.
Vögel, Schmetterlinge, und auch die Bienen
sind alle aus dem Winterschlaf erwacht.
Ein Bach fließt durch die Wiese.
Tief in sein klares Wasser kannst du schauen.
Das Wasser fließt, springt, sprudelt über Steine.
Du fühlst dich wohl, beschwingt,
von guter Sommerlaune ganz erfüllt.

Herbst

Der Wind fegt über kahle Felder. Die Bäume zittern
unter seiner Kraft.
Filigrane Blätter beugen sich über das letzte Grün.
Käfer zerren ihre Beute durchs Laub.
Eine Lerche steht hoch über dem Feld.
Sie wirft ihr Jubilieren in die glasklare Luft.
Wolken stürmen wie ungestüme Kinder
geträumten Zielen entgegen.
Dörfer ducken sich im Tal wie brütende Enten.
Gelbe Blätter leuchten wie eingefangenes Sommerlicht.
Ein Eichelhäher zerschneidet die Stille mit seinem Schrei.
Das Echo fängt sich im Dunkel des Waldes.
Die Erde ist rissig, verlangt nach warmen Frühlingsregen.
Die Schritte rascheln im trockenen Laub,
wie Springmäuse jagt es dahin.
Eine Biene versinkt in der letzten Buschrose.
Vergeblich ihr Suchen nach Süße?
Über allem liegt die Melancholie des Sommerabschieds.
Die Herbststimmung weht wie ein zarter Schleier
über der Landschaft.
Der Winter ist hinter dem Horizont schon zu ahnen.
Die Schritte eilen dem warmen Zimmer zu.
Ruhe und innerer Friede, sie formen ein Glück,
an dem die Seele sich erfreut.

Wintersonne

Der Dezembermorgen wirkt noch ganz verschlafen.
Bäume stehen wie Scherenschnitte vor den Häusern,
malen Muster auf weiß verputzte Mauern.
Durch dichte Wolken bahnt die Sonne sich mühsam
ihren Weg.
Langsam, wie von unsichtbarer Hand gezogen,
schwebt sie höher, immer höher.
Geschmolzenes Silberlicht – Wintersonne.
Der glatte Sonnenrand löst sich auf,
der Strahlenkranz wird größer, immer größer.
Plötzlich wirkt der Morgen fröhlich, als singe das Licht
ein Lied, von einigen Menschen wohlverstanden.
Durch der Sonne Zauberkraft haben sich die Wolken
ganz verzogen.
Ein Blau, vom Wintersonnenlicht hell durchdrungen,
verspricht einen schönen Wintertag.

Advent

Es ist Advent.
Du gehst durch einen Winterwald
mit seinen tief verschneiten Wegen.
Im verlöschenden Licht des Tages funkelt noch der Schnee.
In ungezählten Eiskristallen
glitzert das Licht in zauberhafter Weise.
Langsam wird es dunkel. Ohne Angst gehst du
durch den Winterwald.
Plötzlich siehst du ein Licht.
Das Licht ist strahlend hell. Wie ein Zauber erscheint es dir.
Von dem Licht geht eine große Kraft aus.
Du fühlst diese Kraft auch in dir.
Du kannst danach getrost von dannen gehen.

Winter

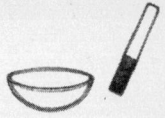

Letzter Wintertag oder Tag vor Frühlingsanfang? ●
Es war vielleicht der allerletzte Wintertag.
Der Wind tobt noch einmal übers Land, ● ●
über kahle Bäume, die ihm ächzend widerstehen.
Es knarrt im Dachgestühl, als protestiere das Haus
gegen den Winterwind.
Hinter ihm versteckt sich noch der Frühlingswind.
Der erste Frühlingsduft, er nähert sich dem weißen Land, ○
das noch aufs erste Grün wartet.
Vögel sitzen auf dem Dach.
Schütteln ihr Gefieder und proben erste Frühlingslieder. ○ ○
Sie warten auf die Sonne, die große Zauberin.
Sie warten auf Licht, Wärme und Farben. ○ ○ ○
Im Haus ist die Stube wohlig warm.
Honigkerzen verbreiten eine Wohlfühlstimmung. ●
Ihr Licht zaubert Schattenspiele an die Wand und Decke. ○ ●
Du fühlst dich geborgen und beschützt in aller
Behaglichkeit.
Du fühlst dich wohl und träumst ein wenig weiter. ●

Ein Vorweihnachtsgedanke

Vom Himmel hängen graue Wolkenschleier
wie kunstvoll gefaltete Vorhänge herab.
Wie Theatervorhänge, die darauf warten,
den Blick preiszugeben auf verzauberndes Sonnenlicht.
Das Grau des Himmels, dunkel, melancholisch,
ähnlich der Seele, die novembermüde mir erscheint.
Ein Grau, das jedes Hell verdrängt.
Keine Farbe mehr da oben, mehr Moll als Dur.
Keine fröhliche Schwingung, die des Alltags
Missvergnügen ganz durchdringt.
Grau und Schwarz, es macht kein Lichtgrau,
das Dunkelheit vertreibt, das Dunkel in den Seelenfalten.
Doch das innere Auge, es sieht den Regenbogen
mit all seinen Farben, leuchtend und klar.
Er wird zum Freund im täglichen Überleben.
Schönste Farbbilder erfreuen den Sinn,
das Herz und lassen die Seele lächeln.

Eine kleine Weihnachtsgeschichte

Es ist Weihnachten.
Die ganz besondere Stimmung dringt durchs Haus,
geheimnisvoll für das Kind, das kaum noch warten will.
Das Glöckchen klingt.
Die Tür zum Weihnachtszimmer öffnet sich.
Das Zimmer erstrahlt im Kerzenlicht.
Der Weihnachtsbaum, so schön geschmückt,
die Kerzen schimmern, sie duften gut.
Du hörst die kleinen gläsernen Glöckchen am Baum,
sie klingen fein, wie ein Engelschor.
Du fühlst die Wärme dieses Raums,
die Freude und die Liebe in all den kleinen Dingen.

Wärmeübungen mit Phantasie und Klängen

Die Wärmeübungen beruhen auf dem Wirkungsprinzip des Autogenen Trainings. Auch sie sind hier verbunden mit Phantasie und Klang. Das visualisierte Wärmebild führt zur Entspannung der gesamten Muskulatur, im Besonderen der feinen Gefäßmuskulatur. Diese Entspannung führt zu einer besseren Durchblutung, die als ein Wärmegefühl wahrgenommen wird. Wir sprechen von einem »Wärmeerlebnis«. Kommt es zu einem Wärmeerlebnis, ist dies der Beweis einer umfassenden Entspannung. Die häufige Klage über kalte Hände und Füße ist ein Zeichen von Stress. Der erhöhte Tonus, die Spannung, betrifft auch die feinen Blutgefäße, die sich in der Entspannung erweitern. Ein entspannter, in seiner Balance ruhender Mensch verfügt über einen befriedigenden großen Blutkreislauf.
Durch die Klänge wird die phantasievolle Wärmeübung noch verstärkt. Der Klang hilft, Verspannungen aufzulösen, löst Ruhe und Wohlbehagen aus.
Die Wärmeübungen eignen sich besonders gut als alltägliche Psychohygiene.

Wärmeübungen mit einem Klang

Du liegst im warmen Sand am Strand,
fühlst die Wärme der Sonne –
ein sanfter Wind weht über deine Stirn.

Du liegst wie ein schöner großer Stein
im warmen Sand und genießt den Sonnenschein.
Ein sanfter Wind weht über deine Stirn.

Du liegst in einer Badewanne,
fühlst das warme Wasser auf deiner Haut,
riechst den Duft köstlicher Essenzen.

Du liegst warm und geborgen in einem Schlafsack
siehst über dir den Himmel, am Tage oder zur Nacht.

Du liegst warm und geborgen in einem Schlafsack
und träumst von schönen Ferien.

Du liegst warm und geborgen in einem Schlafsack
siehst im Nachtblau des Himmels die leuchtenden Sterne,
den strahlenden Mond.

Du liegst auf einer Sommerwiese,
siehst die Blumen, genießt die Sonne.

Du liegst sicher und geborgen in einem Kuschelbett
und träumst die schönsten Träume.

Du liegst geborgen in deinem Kuschelbett,
warm und geschützt.

Du bist in eine zarte Felldecke gehüllt
und genießt die Wärme.

Du sitzt an einem Lagerfeuer, genießt die Wärme
und siehst dem Spiel der Flammen zu.

Im gemütlichen Zimmer brennen Kerzen,
du genießt ihre Wärme und ihr Licht.

In einem dicken Skianzug, warm und geschützt,
machst du eine Wanderung durch eine verzauberte
Winterlandschaft.

Du liegst in einem Liegestuhl in einem schönen Garten
und genießt die Sommerwärme.

Du wirst mit warmem Öl massiert
und genießt die Wärme und die Zuwendung.

Du sitzt an einem Kamin,
vielleicht in einem alten Schloss,
und träumst die schönsten Träume.

Du bist in einer alten Kapelle.
Dicke Kerzen brennen,
du fühlst ihre Wärme.

Du bist in einem Hamam,
einem alten türkischen Bad mit bunten Kacheln,
und genießt die Wärme und Ruhe.

Haiku-Meditationen mit der Klangschale

Was ist ein Haiku?

Ein Haiku ist ein japanisches Kurzgedicht aus der Tradition des Zen-Buddhismus. Es besteht aus einer festen Versvorgabe, dem Metrum, aus drei Zeilen mit fünf – sieben – fünf Silben.
Mönche und Wanderpriester waren besonders im 16. und 17. Jahrhundert Meister der Haiku-Dichtung. Noch heute genießt das Haiku in Japan große Achtung und Anerkennung und findet moderne Interpreten.
Ursprünglich war das Haiku eine Naturbeschreibung. Dem formalen Element des Metrum kam die inhaltliche Gebundenheit an Naturerscheinungen hinzu. Alle vier Jahreszeiten waren durch bestimmte Worte erkenntlich und jede Jahreszeit hatte symbolhafte Zuschreibungen, die einzig für sie gültig war.
»Kirschblüte« zum Beispiel gilt dem Frühjahr, »frisch bepflanztes Reisfeld« dem Sommer, »Nebel« dem Herbst und »kahle Bäume« oder »Eis« stehen für den Winter.
Dem traditionellen Haiku war eine subjektive Beschreibung untersagt. Der Haiku-Dichter »malt« gleichsam reale Situationen und Dinge mit Worten. Diesen äußeren Bedingungen eines Haiku stehen innere gegenüber. Ein Haiku entsteht aus der Stille, der Meditation, der inneren Betrachtung. Aus dieser geistigen Sammlung entsteht eine künstlerische Wortmalerei, eine versteckte Metaphorik, die des Dichters philosophische Haltung aufzeigt. Die philosophischen Inhalte sind Anregungen für eine geistige Auseinandersetzung, für Gedankenspielerei.
Die genaue Beschreibung der Natur oder später die erlaubten subjektiven Augenblicksbeschreibungen, die »Wort-Bilder«, lassen den Leser in kurzer Zeit seine eigenen inneren Bilder und sinnlich-emotionalen Entsprechungen, Gefühle und Gemütsbewegungen vor seinem inneren Auge entstehen. Der Wortlaut kann bald vergessen werden, der Text schiebt sich in den Hintergrund. Den

Inhalt des Haiku erlebt der Leser mit eigenen bewussten und unbewussten Gefühlen und Erfahrungen, denn das Wortbild des Haiku wird zu eigenen Innenbildern transformiert, die mit Gefühlen gefüllt sind.

Die besondere Kunst des Haiku liegt in der Beschreibung realer Dinge als Medium zum Freisetzen individueller Phantasien, Eindrücke und Empfindungen des Lesenden.

Die Abstraktion und das Zurücknehmen persönlicher Gefühlseindrücke des Dichters ist dabei ein Ausdruck buddhistischer Philosophie: das Ich nicht so wichtig zu nehmen, sondern in einen größeren Zusammenhang mit dem Kosmos zu stellen, Spiritualität zu erfahren und die Verschmelzung mit dem Göttlichen anzustreben.

Haiku-Meditationen

Das Haiku, die »kürzeste Kurzgeschichte«, hat bis heute nichts von seinem Zauber verloren. In der modernen, westlichen Welt steht uns diese Kurzform eines Gedichtes, diese komprimierte Augenblicksbeschreibung, einer fotografischen Momentaufnahme ähnlich, nahe.
Während meiner Studien fernöstlicher Meditationsmethoden und des Zen-Buddhismus lernte ich das Haiku kennen und sofort lieben. Ich fing an, meine eigenen ersten Haiku zu schreiben und in meinen Kursen, als Einstiegshilfen in eine Meditation, praktisch zu erproben.
Der Erfolg überraschte mich. Nach kurzer Irritation über den fremden Sprachrhythmus wurde das Haiku angenommen und als Einstimmung zu tiefer Entspannung, Versenkung und Meditation fast selbstverständlich. Die Haiku im *Klang der Bilder* sind sehr persönliche Betrachtungen, Beobachtungen und Wahrnehmungen der Natur, des Lebens und der Liebe. Naturimpressionen und Augenblicksbeschreibungen sind Verdichtungen des persönlichen Alltags, sind sehr persönliche An- und Einsichten, in denen sich auch andere Menschen wiederfinden, sich mit ihnen identifizieren können. Manche Haiku haben einen surrealen Inhalt. Sie bieten einen besonderen Freiraum zum zweckfreien, spielerischen Assoziieren und Meditieren. Der ungewohnte Sprachrhythmus wird dem Lesenden bald vertraut sein. Die freie Form der Haiku-Meditation im *Klang der Bilder* erlaubt es, das Metrum von fünf–sieben–fünf Silben in drei Zeilen hin und wieder zu variieren, wenn die strikte Einhaltung sprachlich »gequält« erscheint.
Im *Klang der Bilder* wird das Haiku erstmalig mit Klängen der Klangschale verbunden. Der Klang unterstützt auch hier das Wort-Bild, die Poesie der Sprache. Die energetische Schwingung der Klänge erleichtert und vertieft die Meditation. Übende beschrei-

ben eine »träumerische Ruhe« während eines Haiku mit der Klangschale. Sie beschäftigen sich oft noch tagelang mit dem Haiku, seinem oft versteckten Sinn. »Es ist für meinen Geist eine neue Speise«, hörte ich einmal einen Teilnehmer sagen.

Das Haiku mit der Klangschale ist keine Lyrik, es ist ein neuer Weg innerhalb der Innovativen Psychohygiene. Es dient in erster Linie der Entspannung, Konzentration und Meditation.

Kulturelle Unterschiede von Haiku und Lyrik, der Dichtkunst in abendländischer Kulturtradition, bleiben sowohl inhaltlich als auch formal bestehen. Wir nutzen das Haiku in diesem Kontext als Möglichkeit ganzheitlichen Erlebens, »als kleines Licht im Dschungel des Alltags«.

Naturimpressionen und Augenblicksbeschreibungen

Die erste Knospe
öffnet sich dem Sommerlicht –
vergisst die Kälte.

Das grüne Kornfeld
es weht wie ein Meer unter
den Sommerwinden.

Aus dunkler Höhle
kriech ich nach der Sonnenwende
wieder ins Licht.

Lichtlose Tage –
Träume ohne Glanz – wie ein
Novemberschrecken.

Blaues Sternenlicht
flackert im Dunkel der Nacht.
Kann ich vertrauen?

Die Adventstage –
das Schönste am Warten auf
das Weihnachtsfest.

Am Weihnachtsmorgen,
Tannenduft-Erinnerung
an Kindheitstage.

Dezembersonne –
hell und eiskalt über den
Spitzen der Tannen.

Kahle Äste vor
dem kalten Blau des Himmels –
wie Scherenschnitte.

Am vergessenen Herbstblatt
malt der Raureif ein
frühes Winterbild.

Auf dem Weg Pfützen –
auf hauchdünnem Eis sind die
Muster gefroren.

Taunuswanderung
am ersten Advent, Stille –
birgt sie Einsamkeit?

Nachhausekommen –
die große Wohnung ist leer
und voll Erinnerung.

Das stille Licht
der Kerze am Tannenzweig –
reicht sie, die Wärme?

Ein Regenbogen
steht über den Kornfeldern –
Brücke der Hoffnung?

Goldschimmernder Käfer
torkelt durchs Herbstlaub –
wo endet sein Weg?

Taunushöhen wie
japanische Tuschezeichnung –
einem Haiku gleich.

Wie Nadelstiche
brennen die nie gesagten
Worte der Liebe.

Rotgoldne Buche,
wie ein brennendes Licht
im nebligen Park.

Großstadt am Sonntag
verliert ihr Gesicht und wird
zum Kleinstadtidyll.

Brennende Kerzen
im Klosterhof inmitten
der eiskalten Stadt.

Krächzende Raben
auf Fernsehantennen –
Anachronismus?

Herbsttrockne Gräser
schwingen nach unhörbaren
Liedern des Sommers.

Eiskaltes Mondlicht
auf versilberten Ästen –
Nacht der Lemuren.

Die Hagebutte
prallglänzend rot neben der
schneeweißen Rose.

Die Ginkgoblätter
liegen wie kleine Fächer
auf verwelktem Gras.

Blick aus dem Fenster
Birkenmetamorphosen –
ein Goldthalerbaum?

Sonntagswanderung –
erste Eispfütze im Wald –
Lebwohl bunter Herbst.

Die letzte Rose
blüht trotzig dem Herbst
aufrecht entgegen.

Die Herbstlaubfarben –
gespeichertes Sommerlicht
in Raureifnächten.

Rotes Ahornblatt
segelt atemleicht durch die
glasklare Herbstluft.

Die Katze schleicht lauernd
um graue Häuserblöcke –
wartet auf Beute.

Am frühen Abend
platinfarbener Vollmond –
goldrote Sonne.

Verzauberter Herbstwald –
die bunten Blätter zittern,
fürchten ihr Ende.

Nach langen, trüben
Tagen, weckt die Sonne die
Lebensgeister auf.

Noch eine letzte
Lerche steht jubilierend
über dem Acker.

Im kleinen Stadtpark,
laut schnatternd die Gänse
wie auf Roms Kapitol.

Der Zug fährt langsam
an herbstbunten Ufern
der Mosel vorbei.

Verhangener Himmel
spiegelt sich grau im Fluss –
Herbstblätter leuchten.

Aus dem Zugfenster
das Schneeweiß des Schwans
im Grün des Flussufers.

Kleine Weinberge ●
im Grau der Uferfelsen
wie gelbes Schachbrett.

Wolkenkratzerhoch ●
die Autobahnbrücke
über der Mosel.

Im Uferbuschgeäst ●
Plastikfetzen zeugen vom
Wohlstandsmüll heute. ○

Die Fahrt in die Nacht, ●
beruhigend das Rattern
der Eisenräder.

Feuerball Sonne ●
versinkt hinter den Bergen –
hinterlässt Staunen.

Zartgrauen Schleiern ●
gleich, zieht der Morgennebel
durchs Gemüt.

Machtvoll bricht sich die ○/●
Sonne ihren Weg durch das
Herbstgrau des Himmels.

Herbstlicher Vollmond, ○/●
sein silberbleiches Licht dringt
in offene Seelen.

Der erste Nachtfrost – ○
Balkonpflanzen erstarren
zu Eisgebilden.

Schnarrende Elstern ○/●
fallen in den Garten ein –
wie Hitchcocks Vögel.

Der Frühlingsregen ●
weht zart wie Seide
über die Blüten.

Die Sonnenblumen ●
drehen der Sonne ihre
Köpfe entgegen.

Das letzte Herbstblatt ●
liegt wie ein Versprechen
auf der Erde.

Die Rosenblätter ●
rieseln zu der Erde wie
lauter Blutstropfen.

Der Winterwind ○/●
reißt wie ein hungriger Wolf die
letzten Herbstblumen.

Auf einer Wiese ●
galoppiert ein Pferd, voller ○
Freude am Leben.

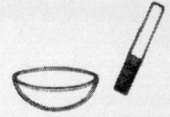

Es ist Herbst.
Am Himmel ziehen Kraniche
ins Land der Pharaonen.

Durch glasklares Meer
ziehen Fische in allen
Formen und Farben.

Über Liebe und Leben

Gedanken rascheln
im staubtrockenen Gehirn –
suchen ihr Versteck.

Nichts ist von Bestand –
Werden folgt dem Vergehen –
Verwesungsgeruch.

Hinter dem Blau des
Himmels, versteckt sich Weiß und
Schwarz. Ich kann wählen.

Verschmähte Küsse
brennen in seiner Seele
wie schwarze Seeigel.

Kaum jemals hat er
seine Gefühle offen
in ihr Herz geschrieben.

Seine Liebe ist
so lautlos wie die Schatten
in der langen Nacht.

Wenig ist übrig
von den Wünschen der Jahre,
die so schnell dahinjagten.

Gedanken nähern
sich auf samtenen Pfoten
und schlagen blitzschnell zu.

Die Melancholie
schleicht wie bittersüßes Gift
durch das Gemüt.

Hinter der Seele,
versteckt der Koffer voller
Enttäuschungen.

Tief verborgen sind
die Erinnerungen an
Familienweihnacht.

Alle Vorfreude
auf Weihnachten tief versteckt
in Seelenfalten.

Hoffnungslosigkeit
liegt wie Eisenreifen um
das traurige Herz.

Was soll ich lernen
aus den Problemen, die sich
immer wieder stellen?

Alte Sehnsüchte
sind geschmolzen wie Schnee
in der Maisonne.

Es ist ein gutes
Gefühl, die eigene
Stärke zu fühlen.

Der Tag verrinnt wie
Tropfen im Meer der Träume,
unendlich langsam.

Es ist ihm, als ob
das wirkliche Leben schon
vorüber wäre.

Die Zwillingsnatur,
sie versucht, beide Hälften
zu vereinen.

An manchen Morgen
leuchtet das innere Licht
weit ins Leben hinaus.

Auf einem bunten
Teppich fliegt die Phantasie
durch Raum und Zeiten.

Das Glockengeläut
schwebt über der Großstadt
wie ein goldnes Netz.

Die Atemruhe
legt sich wie ein Daunenbett
über die Seele.

Kaum ein Geräusch dringt
aus der lauten Stadt hinaus
in den Abendfrieden.

Am Fernsehturm hängt
der Neumond wie eine
silberne Mondschaukel.

Was macht das Glück aus?
Die Heiterkeit der Seele
zu jeder Stunde.

Der Schein der Kerze
tanzt an der Zimmerwand
wie ein Geistergeschöpf.

Das Glockengeläut
schwebt über den Dächern
wie ein goldnes Netz.

Immer mehr Freunde
bleiben außen vor, bei dem
Weg nach dem Innen.

Neblig grauer Tag –
das Ego igelt sich ein
in Kerzenwärme.

Auf Wolken reitend,
hinter den Mond schauend –
verliert sich das Selbst?

Träumen von ihm – die
Verleugnung der Wirklichkeit
schafft Illusionen.

Inseln der Ruhe,
selbstgeschaffen im Alltag –
pure Kraftquellen.

Warmes Sonntagsbett –
ist Start- und Landeplatz
des goldnen Traumschiffs.

Die Haut fühlt sich an
wie zerknitterte Seide
im verstaubten Regal.

In den Nachtträumen
verstecken sich Dämonen
des grauen Alltags.

Mein Herz glaubt es nicht,
dass er nicht aufhören kann
sich so zu quälen.

Wieder ein Abschied?
Das Anderssein als Abgrund,
die Ufer zu weit.

Sich in seiner Haut
wohl zu fühlen, ist ein sehr
kostbares Geschenk.

Könnt ich die Freude
über mein Leben malen,
sie wären golden.

Kurz vor Mitternacht
fegt der Stift übers Papier
und malt ein Haiku.

Ward der erste Frost
der zarten Blume Freundschaft
gar ihr früher Tod?

Sonntagmorgen im
Bett mit Zeitung und Frühstück –
welch Himmelswonnen.

Mitternachtsstunde
verbindet das Gestern mit
nachtdunklem Heute.

Innerer Frieden,
heitere Gelassenheit –
Krönung des Lebens?

Trotz aller Stürme,
die so über mich fegten –
die Seele hält stand.

Leseleidenschaft
seit frühen Kindheitstagen –
Überlebenstraining.

Langsam senkt sich das
Dunkel wie ein Trauerflor
über die laute Stadt.

Der Weg ist das Ziel –
ist das Ziel eine Täuschung?
Blendwerk von Menschen?

An ihren glatten
Fassaden prallen Wünsche
zurück ins eigne Herz.

Spinne und Netz.
Im Netz der Zeit gefangen –
ist's Spinnenwebtanz?

Menschen zu lieben,
die so ganz anders sind,
fällt mir noch immer schwer.

Siebzig Jahre, es
scheint ihm, als wären alle
Sehnsüchte verflogen.

Immer wieder
Zweifel, ob Lebensmuster
Schicksal bleiben müssen.

Es ist, als ob der
Weg ihres Lebens eine neue
Richtung nehmen will.

Eisumhüllte Äste
sie klingen wie Glasharfen
in Winterwinden.

Ein Tropfen Glück und
ein Glas Traurigkeit, gilt das
fürs ganze Leben?

Affirmationen und Lebenshilfen

Die kleinen Geschichten und Phantasiereisen beinhalten Affirmationen, Bejahungen, Bekräftigungen. In den Geschichten geht es meist um Verwandlung, Metamorphosen. Negatives verwandelt sich in Positives. Alles hat einen Sinn. Durch die Metaphorik, das Gleichnishafte, bieten die kleinen Geschichten, ähnlich wie in den Märchen, Alltags- und Lebenshilfe. Loslassen, Geschehenlassen, Freiwerden und Freisein, Sichten und Klären, sind Themen in den Phantasiereisen. Sie bieten die Möglichkeit, die eigene Sichtweise zu erweitern und bewusster zu werden.
Die Sinnbildlichkeit der Wortbilder »schöpfen so manchen vollen Eimer aus einem tiefen Brunnen«.
Es sind Hilfen zur Selbsthilfe, die Selbstheilungskräfte wecken. »In der Mitte der Nacht beginnt schon der nächste Tag.«

Ich möchte etwas in meiner Beziehung
zu meinen Eltern ändern.

Ich möchte etwas in meiner Beziehung
zu meinem Kind ändern.

Ich möchte etwas in meiner Beziehung
zu meinem Kollegen, zu meiner Kollegin ändern.

Ich möchte etwas in meinem Zimmer ändern.

Ich möchte etwas in meinem Beruf ändern.

Ich möchte etwas in meinem Leben ändern.

Ich möchte etwas in meiner Freundschaft ändern.

Ich möchte etwas in meiner Partnerschaft ändern.

Ich möchte etwas in meiner Ehe ändern.

Der Rucksack

Du wanderst mit einem schweren Rucksack auf deinen
Schultern. Er ist mit großen, schweren Steinen voll
gepackt.
Die Last des Rucksackes drückt dich.
Du bist auf deinem Weg gedrückt, bedrückt.
Du gehst mit deiner Last einen langen Weg.
Bald findest du einen Platz zum Ruhen, nimmst deinen
Rucksack von den Schultern und setzt dich erleichtert hin.
Du nimmst aus dem Rucksack einen Stein nach dem
anderen heraus.
Jeder Stein ist ein Problem, eine Last oder Sorge.
Du legst sie vor dich hin und betrachtest sie.
»Was kann ich davon loswerden?«, fragst du dich.
»Welche neuen Wege kann ich ohne die Steine gehen?«
Du gehst wieder weiter. Vielleicht nimmst du kleinere
Steine in deinem Rucksack mit auf deinem Weg.
Um wie viel leichter ist nun dein Rucksack?

Am Waldrand

Du sitzt auf einer Bank an einem Waldrand.
Vor dir eine weite, unbegrenzte Landschaft.
Ein wunderhübscher Schmetterling flattert um die Bank herum.
Du streckst deinen Arm aus und der Schmetterling
setzt sich drauf.
Du kannst in Ruhe seine Schönheit, seine Farben sehen.
Der Schmetterling fliegt auf, er scheint dir zu sagen:
»Folge mir.«
Du folgst ihm. Wohin?
Du träumst dir ein Ziel.

Feenhaft

Du bist in einem uralten Forst.
Alte, hohe Bäume stehen zusammen,
als wollten sie sich etwas erzählen.
Der Forst bietet Mensch und Tier seinen Schutz.
Du fühlst die Rinde der Bäume. Manche sind glatt,
manche rau und rissig.
Dunkel ist der Weg. Du gehst eine Weile durch das
Dunkel des Waldes.
Plötzlich wird es am Horizont hell. Eine Lichtung ist zu
sehen.
Ins warme, satte Grün des Grases kannst du dich setzen
oder legen. Ruhig ist es, innen und außen.
Auf einmal schwebt eine Fee mit schillernden Flügeln
herbei.
Sie stellt einen Korb vor dich hin. Du nimmst den Deckel
ab und findest etwas, von dem du glaubtest, es verloren
zu haben.
Schau es dir ruhig an.
Die Fee sagt zu dir: »Nimm es mit. Nichts geht je
verloren.«
So träumst du nun ein wenig weiter.

Bambusblatt im Wind

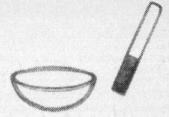

Du bist so leicht wie ein Bambusblatt,
das sich im Wind bewegt.
Mal sanft, mal stärker weht der Wind.
Das Blatt biegt sich, tanzt und dreht sich.
Doch brechen wird es nicht.

Der Brunnen

Du bist in einem Schlosshof.
Ein alter Brunnen steht in der Mitte. Tief ist er.
An einem Seil werden die Wassereimer mit einer
Winde herauf- und herabgelassen.
Das Wasser ist klar und frisch.
In einem Eimer holst du von unten etwas herauf,
vielleicht aus deiner Vergangenheit.
Oder ist es aus deiner Gegenwart oder Zukunft?
Was ist es?
Schau es dir genau an.
Beschäftige dich ruhig ein wenig weiter damit.

Die Schlange

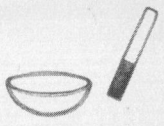

Im Urwald, dunkel, die Luft von Gerüchen und
Geräuschen durchdrungen, plötzlich schlängelt sich
vom Stamm der Palme
eine Schlange herab.
Auf dem schmalen, sandigen Weg,
von der Machete freigehauen,
windet sich die Schlange weiter.
Leicht und anmutig bewegt sie sich.
Sie macht dir keine Angst.
Du siehst ihre Schlangenhaut, sie ist so wunderschön.
Bald ist sie im tiefsten Dickicht verschwunden.
Du hast alle Angst vor ihr verloren.

Die Raupe

Auf einem Waldweg kriecht eine Raupe.
Sie ist wahrlich nicht schön.
Ihr dichtes, pelziges Haarkleid hinterlässt kleine Muster
im Sand des Weges.
Plötzlich gerät sie in Bewegung, etwas verändert sich.
Flügel wachsen aus ihr heraus,
auf zauberhafte Weise, Flügel in
den zartesten Farben.
Ein Zittern geht durch die Raupe,
sie wird zu einem wunderschönen Schmetterling.
Er fliegt, ein wenig zögernd noch,
immer höher und höher.
Der Schmetterling, der eine Raupe war,
fliegt ins weite Blau des Himmels.

Ein Weg

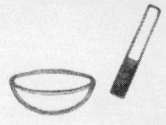

Du bist in einer weiten, offenen Landschaft.
Du nimmst sie mit all deinen Sinnen wahr.
Du läufst weiter. Ein munter plätschernder Bach
begleitet dich auf deinem Weg.
Große Steine liegen am Ufer.
Es werden immer mehr und immer größere Steine.
Manche sind aufeinander getürmt.
Felslandschaften säumen den Weg.
Der Weg windet sich nun durch eine enge, hohe
Steinschlucht.
Mühsam und dunkel ist der Weg.
Nach einer Weile wird es licht und hell.
Aus der Enge heraus ist es strahlend hell.
Es ist, als würde auch die Seele licht und heiter.
Nichts, kein Stein liegt mehr im Weg.
Du siehst klar und hell deinen Weg vor dir.

Ein Wort – Ein Klang – Meditationen

Diese Meditationen mit einem Wort oder einem hellen oder dunklen Klang eignen sich auch für Fortgeschrittene in der Meditation.
Die Worte können vorgelesen oder selbst gelesen werden.
Der helle oder dunkle Klang, verbunden mit dem Wort, verstärkt den Sinn des Wortes.
Jedes Wort, jeder Klang löst unterschiedliche Wahrnehmungen sowie eigene innere Bilder und Gefühle aus.
In der Stille, in der Ruhe und Entspannung, können sich Wort und Klang über ihren Alltagswert hinaus entfalten.
Je nach Tagesbefindlichkeit werden Wort und Klang zu unterschiedlichen Erfahrungen und Wahrnehmungen.
Loslassen gilt auch hier. In der Versenkung, dieser Kunst des Absichtslosen, steigen aus tiefen inneren Schichten alte und neue Bilder und Erfahrungen auf. Es bieten sich neue Handlungsmuster für die Bewältigung von Problemen und Konflikten.
Die Übungen können zu neuem Selbst-Bewusst-Sein beitragen, sie können zu kleinen Alltags- und Lebenshilfen werden.

Meditationsübungen mit einem Klang

- Freude
- Hoffnung
- Mut
- Vergangenheit
- Gegenwart
- Zukunft
- Liebe
- Wärme
- Geborgenheit
- Zärtlichkeit
- Vertrauen
- Sicherheit
- Stille
- Ruhe
- Gott
- Glauben

Zweifel

Zuversicht

Wut

Trauer

Angst

Zorn

Verletztheit

Kränkung

Treue

Freundschaft

Partnerschaft

Ehe

Eltern

Freunde

Kindheit

Jugend

Erwachsensein

Alter

Gesundheit

Krankheit

Sehnsucht

Licht

Eros

Sexualität

Wünsche

Verlust

Selbstvertrauen

Selbstsicherheit

Selbstbewusstsein

Selbstbild

Selbsterkenntnis

Selbsterfahrung

Eigene Grenzen

Grenzbestimmung

Grenzsicherung

Grenzverteidigung

Grenzerweiterung

Grenzüberschreitung

Frieden

Krieg

Brüderlichkeit

Gerechtigkeit

Solidarität

Freiheit

Natur

Stadt

Menschen

Kunst

- Lebensfreude
- Vitalität
- Grenzbetrachtung
- Grenzgestaltung
- Begrenzung
- Entgrenzung
- Distanz
- Nähe
- Kraft
- Energie
- Libido
- Melancholie
- Depression
- Unverletzbarkeit

Tiefenentspannung mit der Klangschale

An anderer Stelle dieses Buches habe ich schon darauf hingewiesen, dass ich in zwanzigjähriger Praxis selten eine so spontane Akzeptanz und positive Wirkung bei Kindern und Erwachsenen erlebt habe wie bei der Arbeit mit Klangschalen.

Deshalb möchte ich zum Schluss noch eine weitere Möglichkeit zur umfassenden Entspannung vorstellen. Diese ganzheitliche Tiefenentspannung hat sich in der Praxis als sehr wirkungsvoll erwiesen und ist besonders in der Familie und in Gruppen einsetzbar, auch mit in Entspannungsverfahren bisher Ungeübten.

Zum Selberüben eignet sich diese Tiefenentspannung allerdings nicht. Dafür empfehle ich Ihnen die CD *Der Klang der Bilder. Phantasiereisen mit Klangschalen,* die im Kösel-Verlag erschienen ist.

Einstimmung:

- Schaffen Sie eine wohltuende Atmosphäre. Beseitigen Sie möglichst alle Störquellen.
- Das Licht sollte angenehm und nicht zu hell sein.
- Beim Liegen auf dem Boden kann eine leichte Decke zum Zudecken hilfreich sein.
- Wer fröstelt oder friert, kann nicht entspannen.

Du fühlst dein rechtes Bein und deinen Fuß
ganz gelöst und entspannt (und warm).

Du fühlst dein linkes Bein und deinen Fuß
ganz gelöst und entspannt (und warm).

Du fühlst deinen Rücken, deinen Po,
ganz gelöst und entspannt (und warm).

Du fühlst deine Wirbelsäule
ganz gelöst und entspannt.

Du fühlst deinen rechten Arm und deine Hand
ganz gelöst und entspannt (und warm).

Du fühlst deinen linken Arm und deine Hand
ganz gelöst und entspannt (und warm).

Du fühlst deinen Nacken, deine Schultern
ganz gelöst und entspannt (und warm).

Du fühlst dein Gesicht
ganz gelöst und entspannt.

Du bist ganz ruhig und entspannt.
Die Ruhe strömt durch Körper, Geist und Seele.

Möglichkeiten zum Übungsende:
»Bleibe so lange in der Ruhe, wie sie dir wohl tut.« Der Leiter oder die Leiterin kann die Entspannung auch nach einer Weile mit den Worten beenden: »Wir kommen jetzt erholt und frisch wieder zurück.«

Übungshinweise:
- Die hellen Klänge sehr sacht setzen.
- Die in Klammern gesetzten Wärmeformeln aus dem Autogenen Training können, müssen nicht angewendet werden. Sie sorgen für eine zusätzliche Gefäßentspannung und die damit verbundene bessere Durchblutung.

Weitere Literatur von Else Müller

Müller, Else: Bewusster leben durch Autogenes Training und richtiges Atmen. Übungsanleitungen zu Autogenem Training, Atemtraining und meditative Übungen durch gelenkte Phantasien, Rowohlt-Taschenbuch, Reinbek 1983

Müller, Else: Du spürst unter deinen Füßen das Gras. Autogenes Training in Phantasie- und Märchenreisen. Vorlesegeschichten, Fischer-Taschenbuch, Frankfurt [20]1999

Müller, Else: Du spürst unter deinen Füßen das Gras. Autogenes Training mit Phantasie und Musik. MC und CD, Kösel, München 1995

Müller, Else: Hilfe gegen Schulstress. Übungsanleitungen zu Autogenem Training, Atemgymnastik und Meditation. Übungen zum Abbau von Aggressionen, Wut und Spannung. Für Kinder und Jugendliche, Rowohlt-Taschenbuch, Reinbek 1984

Müller, Else: Auf der Silberlichtstraße des Mondes. Autogenes Training mit Märchen zum Entspannen und Träumen, Fischer-Taschenbuch, Frankfurt [16]1998

Müller, Else: Auf der Silberlichtstraße des Mondes. Autogenes Training mit Märchen und Musik. MC und CD, Kösel, München 1995

Müller, Else: Du fühlt die Wunder nur in dir. Autogenes Training und Meditation in Alltagsbetrachtungen, Aphorismen und Haikus, Fischer-Taschenbuch, Frankfurt 1993

Müller, Else: Träumen auf der Mondschaukel. Autogenes Training mit Märchen und Gute-Nacht-Geschichten, Kösel, München 1995

Müller, Else: Träumen auf der Mondschaukel. Autogenes Training mit Märchen und Gute-Nacht-Geschichten. MC, Kösel, München 1994

Müller, Else: Die kleine Wolke. Autogenes Training mit Märchen und Gute-Nacht-Geschichten. MC, Kösel, München 1994

Müller, Else: Inseln der Ruhe. Ein neuer Weg zum Autogenen Training für Kinder und Erwachsene, Kösel, München ³1996

Müller, Else: Inseln der Ruhe. Ein neuer Weg zum Autogenen Training. MC, Kösel 1994

○/●

Klangschalen (mit Bambusklöppel) sind über den Kösel-Verlag zu einem Preis von DM 85,– zu beziehen, Titel-Nr. 3-466-45669-X:

> Kösel-Verlag GmbH & Co.
> Flüggenstr. 2
> 80639 München
> Tel.: 089 178 01 – 0
> Fax: 089 178 01 –111

Zu dem vorliegenden Buch *Der Klang der Bilder* ist eine CD mit gleichem Titel erhältlich. Die von der Autorin gesprochenen Wärmeübungen, Phantasiereisen, Haiku-Meditationen und Affirmationen, verbunden mit den hellen und dunklen Klängen einer

Klangschale, lassen Bilder von innerer Ruhe und Gelassenheit auftauchen.
Bitte richten Sie Ihre Bestellung direkt an den Kösel-Verlag oder an Ihre Buchhandlung:

> *CD* (Spieldauer: 58 Minuten)
> Titel-Nr. 3-466-45666-5 (DM 35,–).

Else Müller
Wege in der Wintersonne
Autogenes Training in Reiseimpressionen
Band 11354

Mit malerischen Beschreibungen von Landschaften und Kulturstätten sowohl verschiedener Urlaubsländer als auch Deutschlands bietet dieses Buch durch die Einbindung von Autogenem Training die Möglichkeit zur Entspannung, zur Abkehr vom hektischen Alltag.
Diese Reisebeschreibungen eignen sich zum Selberlesen und als Vorlesegeschichten, für jüngere und ältere Menschen, für alle Jahreszeiten und Stimmungen. Sie regen die Phantasie an und bereichern so den Fluß eigener innerer Bilder.
Das Sichversenken in diese Reiseeindrücke hilft dabei, die Sinne für eine Weile von der Alltagswelt abzuziehen und zu tiefer Ruhe zu kommen. Die reiche Bildersprache und die bewußt eingesetzten Elemente des Autogenen Trainings tragen dazu bei, Spannungen und Streß nahezu spielerisch abzubauen. Auch als Erinnerung an die eigenen Reisen des Lesers sowie als Anregung zum Träumen können die Texte positive Stimmungen erzeugen, die zur Entspannung beitragen.

Fischer Taschenbuch Verlag

Else Müller
Du fühlst die Wunder nur in dir
Autogenes Training und Meditation
in Alltagsbeobachtungen, Aphorismen und Haikus

Band 11692

Das »meditative Tagebuch« umfaßt drei Teile, die gleichermaßen, aber in der Form völlig verschieden, hinführen zu Entspannung und Meditation.

Die Geschichten im ersten Teil *Stadt, Sein, Sehnsucht. Autogenes Training in Alltags- und Reisebeobachtungen* ermöglichen eine Sensibilisierung der Wahrnehmung des Selbst und des Lebensumfeldes. Sie bieten Anregungen, neue Ein- und Ansichten zu erlangen und mehr kreative Phantasie für die persönliche Lebensgestaltung und -bewältigung zu entwickeln.

Im zweiten Teil *Alleinsein mit sich selbst* sind *Aphorismen von A bis Z* als Meditationsvorlagen konzipiert. Die Konzentration auf den Spruch erleichtert das Abschalten vom bedrängenden Alltag, setzt eigene Gedanken und Phantasien frei, führt zu Entspannung und innerer Ruhe.

Der Teil *Klatschmohn, Kornblume. Augenblicksbeschreibungen, Naturimpressionen* wurde angeregt durch die japanische Haiku-Dichtung, die ihre Wurzeln im Zen-Buddhismus hat. Die Dreizeiler regen die Phantasie zum Malen bunter, vielfältiger Innenbilder an und dienen als Einstiegshilfe zu einer Meditation.

Fischer Taschenbuch Verlag

Else Müller

Du spürst unter deinen Füßen das Gras

Autogenes Training in Phantasie- und Märchenreisen
Vorlesegeschichten

Band 3325

Streß und psychosomatische Krankheiten wachsen in beängstigender Weise an. Eine Hilfe liegt in der Aktivierung der Selbstheilungskräfte durch das Autogene Training, das die Autorin hier in seinen Grundzügen vorstellt. Es ist als Vorbeugung, Psychohygiene und Therapie außerordentlich wirkungsvoll.

In die in diesem Buch enthaltenen Geschichten, die sich nicht nur zum Vorlesen eignen, wurden Übungen des Autogenen Trainings eingebunden, die in kurzer Zeit zu tiefer Entspannung, Beruhigung und Erholung führen. Tatsächlich haben sich diese Phantasie- und Märchenreisen als wirkungsvolle Einschlafhilfe bei Menschen jeden Alters bewährt.

Die lyrische Sprache der Geschichten dient als Transfer in das Reich der Phantasie und wirkt auch bei allen, die keine Vorkenntnisse in Autogenem Training haben.

Fischer Taschenbuch Verlag

Frank Wildman
Feldenkrais
Übungen für jeden Tag

Aus dem Amerikanischen von Vukadin Milojevic

Band 12489

Die meisten Menschen sitzen, stehen und gehen nicht optimal. Gerade der typische Büroalltag führt leicht zu Verspannungen und irgendwann zu chronischen Beschwerden.

Die Übungen, die Frank Wildman für dieses Buch zusammengestellt hat, basieren auf dem Grundgedanken von Moshe Feldenkrais, daß es eine natürliche körperliche Intelligenz gibt, die durch geeignete Schulung selbst aktiv wird.

Die Lektionen sind speziell für alltägliche Beschwerden konzipiert. Sie sind einfach und meistens unauffällig auszuführen und helfen, akute Beeinträchtigungen und Streß abzubauen.

Fischer Taschenbuch Verlag

Kareen Zebroff

Yoga

Übungen für jeden Tag

*Ins Deutsche übertragen von
Rosemarie Litzenberger und Hans-Jürgen Hesse*

Band 1640

Karen Zebroff hat dieses Yoga-Buch für den westlichen Menschen geschrieben; seine Probleme und Bedürfnisse sind es, auf die hier eingegangen und für die Hilfe angeboten wird. In einer kurzen Einführung erklärt sie, was Yoga ist, wofür er gut ist und welche Grundregeln man beim Üben beachten sollte. Danach folgen – zum leichten Auffinden alphabetisch geordnet – die einzelnen Yoga-Asanas (Übungen). Für jede Übung ist angegeben, welche Organe besonders günstig durch sie beeinflußt werden; dann folgen detaillierte Anweisungen für die Ausführung, die durch Fotos der einzelnen Phasen veranschaulicht werden.

Am Schluß jeder Übung wird noch einmal auf mögliche Fehler aufmerksam gemacht, so daß man eigentlich nichts falsch machen kann, wenn man sich an die Anweisungen hält. Eine Aufstellung der Übungen am Ende des Buches unter dem Gesichtspunkt ihrer Wirksamkeit bei speziellen Beschwerden und Krankheitserscheinungen ermöglicht es jedem Leser, sich ein eigenes, genau auf seine Bedürfnisse zugeschnittenes Übungsprogramm zusammenzustellen.

Fischer Taschenbuch Verlag

Neue Märchen und Gute-Nacht-Geschichten

Else Müller
SILBERSTAUB DER STERNE
Märchen zum Entspannen und Träumen
126 Seiten. Gebunden
ISBN 3-466-30528-4

Dazu die Tonträger:
Laufzeit je ca. 60 Min.
CD: Best.-Nr. 3-466-45729-7
MC: Best.-Nr. 3-466-45728-9

Kösel-Verlag * München

Nach dem großen Erfolg von »Träumen auf der Mondschaukel« nun endlich die Fortsetzung mit neuen Märchen und Gute-Nacht-Geschichten zum Entspannen und Träumen. Die märchenhafte Bildsprache regt die kindliche Phantasie an und führt in die magische Welt der inneren Bilder. Die bewährten Formeln des Autogenen Trainings – Entspannung, Ruhe, Wärme und Atem – sowie kurzen Affirmationen sind am Ende der Märchen angefügt. Sie helfen dem Kind, in einen guten Schlaf voller schöner Träume zu sinken. Ein ideales Vorlesebuch und ein wunderschönes Geschenk.
Die gleichnamigen Tonträger enthalten eine Auswahl der schönsten Märchen, umrahmt von einfühlsamer, ruhiger Musik.

Kösel-Verlag München, www.koesel.de, e-mail: info@koesel.de